大家精要

都塞

陕西师范大学出版总社

图书代号 SK16N1056

图书在版编目（CIP）数据

阿尔都塞/张羽佳著. —西安：陕西师范大学出版总社
有限公司，2017.1（2024.1重印）
（大家精要）
ISBN 978-7-5613-7668-3

Ⅰ.①阿…　Ⅱ.①张…　Ⅲ.①阿尔都塞（Althusser,
Louis Pierre 1918—1990）—传记　Ⅳ.①K835.651

中国版本图书馆CIP数据核字（2016）第320866号

阿尔都塞　A'ERDUSAI

张羽佳　著

责任编辑	郑若萍　陈柳冬雪	
责任校对	尹海宏	
特约编辑	石慧敏	
封面设计	张潇伊	
出版发行	陕西师范大学出版总社	
	（西安市长安南路199号　邮编710062）	
网　址	http://www.snupg.com	
印　制	永清县晔盛亚胶印有限公司	
开　本	650 mm×930 mm　1/16	
印　张	10	
字　数	100千	
版　次	2017年1月第1版	
印　次	2024年1月第2次印刷	
书　号	ISBN 978-7-5613-7668-3	
定　价	45.00元	

读者购书、书店添货或发现印刷装订问题，请与本公司销售部联系、调换。

电话：（029）85303879　　传真：（029）85307864　　85303629

目　录

丛书编委会

总　策　划：来新国　王文成

编委会主任：郭齐勇　周晓亮

编　　　委：来新国　陈知涯　张　彧　尹格韬　沈　众

　　　　　　王文成　孟淑贤　周长志　罗养毅　秦　丹

　　　　　　乌　琛

引　言

我的时间还没有到来，有些东西死后还会重生。

——路易·阿尔都塞

1990 年 10 月 22 日，法国哲学家路易·阿尔都塞因心脏病发作而病故。在他的葬礼上，他曾经的学生和助手、著名的解构主义大师雅各·德里达深情回顾了阿尔都塞曲折的人生，并对他作出如下评价：

> （他）跨越了那么多的生活……经历了个人的、历史的、哲学的和政治的冒险；以他的思想和他的存在方式、言说方式和教学方式所具有的影响力和挑战力，显示、感染和影响了那么多的话语、行动和存在，以至于形形色色的最为矛盾的阐释也永远不能穷尽它们的源泉。

这段简短而质朴的悼词，虽然一改德里达一贯的晦涩文风，但却以一种更为真切和直白的方式肯定了阿尔都塞的人生和哲学，点明了二者之间纠缠纷扰的复杂关系。从人生的角度看，在阿尔都塞的一生中，经历了法国和人类历史上的许多重大事件：人民阵线、西班牙战争以及第二次世界大战，同时他也见证了冷战以来的种种当代历史：斯大林主义、反越战运动、巴黎"五月风暴"等等。这些事件给他带来痛苦、困惑和迷茫，同时也给予他严酷的教育，要求他深入思考人类的现实境遇和未来前景，并把他塑造成立场坚定的马克思主义理论家。从哲学的角度看，阿尔都塞是一位对马克思主义理论提出创造性解释的哲学家，他独特的理论思维和特有的哲学立场使他在一片"人道主义"的陈词滥调中显得格格不入、与众不同。作为一名大学教授，阿尔都塞在大学的讲坛上宣传自己的思想，探讨现实的出路，他用严密的逻辑和对现实的深刻洞察征服了一大批青年学生，他独辟蹊径的理论进路和别具特色的哲学思维给学生们提供了无限想象和发挥的空间。从某种意义上说，正是阿尔都塞对马克思主义理论的重新解释，在20世纪再一次激发了法国人对马克思主义理论的兴趣，这一兴趣在1968年的"五月风暴"中达到顶峰。

必须承认，阿尔都塞从事理论研究的时代是一个新思想、新观念层出不穷、各种思潮风起云涌、相互激荡的时代。在这一时期，现象学、存在主义、结构主义和后结构主义相继粉墨登场，涌现了许多对当代思想产生过重要影响的大师，奠定了20世纪人文世界的基础。在这些大师中不乏阿尔都塞的朋友、学生和劲敌：如个性鲜明的弗洛伊德派智者雅克·拉康，符号理论家、"新小说"倡导者罗兰·巴特，声名显赫的独立知识分子让-保罗·萨特，坚定的自由主义理论家雷蒙·阿隆，以及解构主义的先锋雅各·德里达和特立独行的天才思想家米歇尔·福柯等。所有的这些思想家共同构建了当代法国汪洋恣肆的理论风景，为人类揭示了全新的思想未来。但即使是在这一片星光灿烂的思想明星之中，阿尔都塞的地位也是独特而重要的。他对马克思主义经典作家的理论进行了独立而深入的研究，独树一帜地提出"症候阅读法""多元决定论""结构因果性"等概念，初步奠定了"结构主义的马克思主义"的解释框架，在法国理论界曾产生强烈反响。

一时间，赞扬与批评纷至沓来。赞扬者认为，阿尔都塞把对马克思的理解从官方注释者乏味的意识形态灌输中解放出来，为马克思的思想注入新的活力和创造力，对马克思主义进行了最为现代也最为精准的解释。批评者认为，阿尔都塞歪曲了马克思主义，甚至日益精巧地伪造马克思主义，他的"结构主义的马克思主义"是一种"非马克思主义"或"伪马克思主义"。无论如何，上述对立的态度恰恰说明阿尔都塞的理论观点和政治立场给人们思想带来的强烈冲击和震撼。正因为如此，20 世纪 50 至 60 年代的激进学生纷纷把阿尔都塞当作自己的精神领袖，把他的名字与马克思、恩格斯、列宁和毛泽东并列在一起，阿尔都塞俨然成为象征反抗现实社会秩序的精神人物。

但是，正如古希腊戏剧早已昭示的那样，英雄的悲剧体现在他崇高的事业与悲惨的命运的对比之中。尽管在思想理论界，阿尔都塞叱咤风云，赢得了杰出思想家所渴望获得的显赫声望和地位，但与自己精神疾病的斗争却令他备受摧残，尊严扫地。童年的抑郁和战争期间受到的伤害给他的精神造成了难以弥补的创伤，而信仰的执着与现实的冲突又让哲学家的心灵一次次不堪重负。阿尔都塞是一位以生命为代价进行思索的人，因此，在每次重大的哲学和意识形态的争论之后，他都不可避免地陷入绝望和崩溃的境地。就这样，他一次次在学校、家庭与精神病院中穿梭往来，这种不同寻常的经历使他的悲剧人生多少显得有些滑稽与悲凉。1980 年，又一次陷入疯狂的阿尔都塞失手掐死了与他相伴三十五年又结婚四年的妻子海莱娜，他本人则被关进了精神病院。

人们普遍认为，那个冷峻而严谨的学者阿尔都塞在 1980 年杀妻事件之后就已经死亡了。但事实上，阿尔都塞的精神时好时坏，虽然被剥夺了法律人格，驱逐于正常人的生活之外，但阿尔都塞并没有放弃精神上的追求，他继续思索，这使人们看到了以前不曾见过的另外一种思想家的形象。1985 年，阿尔都塞开始撰写自传体著作《来日方长》。在这本书的结尾，阿尔都塞似乎得到了解脱。他用一种平静、略带遗憾却不无希望的语气回首他的人生："尽管生命充满戏剧性，但它依然是美丽的。我现在 69 岁，也许生命将会在不久的将来完结，但是，我此刻感觉到——自从我不爱惜自己开始，我就已经不再年轻——前所未有的年轻。是的，未来的日子还很长。"

第 1 章

早年经历

我的名字叫路易

1918 年 10 月 16 日，在法属殖民地阿尔及利亚首都近郊的比曼德利小镇，阿尔都塞（Louis Althusser）悄然降临到这个世界。为他接生的是一位俄国女人，她抱着这个新生儿，高兴地告诉大家："这一个与众不同。"这句话对阿尔都塞意义非凡，他后来曾经在脑海里多次想象这一场景，他有一种宿命感，认为自己"与众不同"的人生从这个俄国女人抱出他的那一刻就已经开始了。

阿尔都塞的父亲查理斯是一个身材魁梧、相貌英俊的男人。他精通银行业务，在工作中表现极为出色，屡屡获得上司的提拔与任用，为这个家庭提供了宽裕富足的物质生活。阿尔都塞的母亲露西安娜是一位护林人的女儿，她具有良好的文化修养而且性格风雅浪漫。由于在结婚之前曾经在小学执教，结婚生子之后，露西安娜自然而然担负起教育子女的任务。她教阿尔都塞和妹妹乔尔吉特弹钢琴和拉手风琴，教他们学习古典音乐，给他们讲《圣经》故事和天主教教义，使他们从小就受到艺术的熏陶和宗教的教育。

这似乎是一个幸福美满的中产阶级家庭，然而，裂缝总是在不经意间就已经产生。

原来，在母亲与父亲结婚之前，与露西安娜订有婚约的原本是查理斯的弟弟，也就是阿尔都塞的叔叔路易。作为青梅竹马的恋人，露西安娜和路易的爱情纯真而深厚，他们彼此爱慕，并且有着相同的志趣与爱好。但是，第一次世界大战无情地夺去了路易的生命，哥哥查理斯带回了弟弟的死讯。然而，出乎人们意料的是，在与露西安娜在花园长谈之后，哥哥取代了死去的路易向露西安娜求婚，并且得到对方的同意。但是，年轻而痴情的露西安娜即使在婚后也不能忘怀早逝的路易，她将自己的孩子以爱人的名字命名，借以怀念逝去的情人，她的一生从来也没有停止过对路易的爱，而这在阿尔都塞的心灵上划上了一道难以弥合的裂隙。

多年以后，阿尔都塞这样描述他对此事的感想：

> 我出生之时便被命名为路易。……它更多地取决于我母亲的意愿而不是我的。毕竟，它的发音是那个第三者的名字，那个剥夺了一切属于我自己的特性的人的名字。"路易"作为一个匿名的他者供随时传唤，它指涉的是我的叔叔，那个伫立在我背后的阴影——"路易"即路易（Lui, c'était Louis），它是我母亲所爱的男人的名字，但不是我。

在这段不无苦涩的回忆中，阿尔都塞表达了对"被置换的母爱"的无可奈何，也许，再也没有比一生下来就成为"他者"的替代品更令人惆怅的了。而且，尤其让人绝望的是，这个隐形的"他者"已经先于自己而存在，而自己则被"他者"所排斥、所挤压。借用精神分析的理论，阿尔都塞存在的完整性从一开始就被"阉割"了。在母亲眼里，他不是作为自己而存在，而是作为那个死去的路易的替身而生活，在母亲的呼唤中，阿尔都塞听不到丝毫属于自己的爱，这爱是属于母亲早逝的爱人的。对于这个和自己并不相爱的人所生的孩子，母亲的真实情感显得相当冷漠。这种错位的母爱让阿尔都塞甚至对自己存在的合法性和意义产生怀疑。他处于极端的矛盾和分裂之中：一方面，他因继承了叔叔的名字而获得母亲对叔叔的爱的情感转移。另一方面，他又作为一个冒名顶替者而令她厌恶。终其一生，阿尔都塞始终无法摆脱"顶替者"的阴影，他的心灵极端受创，以至于在后来，对母性的寻求成为阿尔都塞精神病史中的一个持久性的主题。

父母与童年

　　童年的阿尔都塞是一个温和、内向并且有些怯懦的孩子。他非常听话，几乎从不任性发脾气，所有的不满和叛逆都被压抑在平静的外表之下。像所有的孩子一样，阿尔都塞渴望来自父母双方的爱。可是，父亲忙于公务，总是来去匆匆，无暇顾及子女的感受。在自传《来日方长》中，阿尔都塞曾不无恨意地多次提及"父亲的缺失"。对于这个在婴儿时期就不曾出现在他身边的父亲，阿尔都塞似乎总是感到有些生疏。他这样描述父亲在他心中的印象："父亲的形象之于我是暧昧且飘忽不定的，他行色匆忙，在我的生活中几乎没有留下过什么印迹。我的教育全部来自母亲，有时甚至与同年龄的孩子打架这样的事情也都是母亲教导我的。"显然，母亲在童年阿尔都塞的生活中扮演了更为重要的角色，她掌控着童年阿尔都塞生活的方方面面，包括他的教育和社交。母亲不愿意阿尔都塞过多地与来自社会下层家庭的孩子来往，她殷切地盼望儿子能够成为风度翩翩的上流社会的高雅人士，因此下了很多功夫对小阿尔都塞进行教育和启蒙。这样就使得童年阿尔都塞的生活相对封闭，缺少与同龄孩子玩耍的乐趣。在很小的时候，阿尔都塞就习惯于一个人躲在角落安静地读书、思考。

即使如此，父母之间没有爱情的婚姻仍然在幼小的阿尔都塞心中刻下了"创伤性的记忆"。在他的眼里，父亲偶然的回家仅仅是为了满足肉体的需要，而母亲则在丈夫以及整个家庭面前以一个殉道者的形象出现。她厌恶丈夫的粗鲁，对丈夫的世俗气质充满鄙视。她把自己看作婚姻的殉道者，同时又因为自己的痛苦，而将另一种痛苦施加在阿尔都塞（一个拥有路易的名字却不是路易的人）和他父亲（一个取代路易位置的人）身上。母亲的这种态度常常使幼小的阿尔都塞手足无措。对于母亲，阿尔都塞时常有一种将自己的灵魂和肉体无条件地奉献给她借以"赎罪"的冲动。他说："母亲的巨大痛苦使我时常感到一种深深的苦恼以及将自己的灵魂和肉体无条件地奉献给她的欲望。这一奉献将使我成为摆脱一种假想的罪恶感，并把她的殉道行为和对丈夫的义务中拯救出来的祭品。我坚信这就是我生命最高的使命和意义。"为了摆脱这种莫名的负罪感，阿尔都塞在很小的时候就学会了唯母亲马首是瞻。他观察母亲的一举一动，一颦一笑，尽自己所能讨母亲欢心。他后来伤感地指出，自己的童年一直生活在母亲的"意愿"（desire）中，他成为逝去的叔叔的替代品——他要像叔叔那样品学兼优，要像叔叔那样智慧、纯洁、才智出众、学识超群，而所有的这些只不过是母亲对另一个路易——他的叔叔，母亲早逝的情人的期望。一直到29岁之前，阿尔都塞都极端地依赖母亲，母亲控制了他的童年和青年时代。阿尔都塞按照母亲的意愿展开自己的生活。他听话、腼腆，不结交任何朋友，专心于自己的学业，直至后来考入巴黎高等师范学校（简称：巴黎高师），并成为一位知名的哲学家。因此他曾不无自嘲地对友人说："我是被母亲塑造出来的哲学家。"

父母的关系以及抑郁的童年在阿尔都塞的心中留下了无法磨灭的烙印，也许他的人生从一开始就错位了。他憎恨自己作为"替代者"的尴尬处境，希望成为自己生命的真正主体。因此，他虽然表面上对母亲百依百顺，按照母亲的意愿选择自己的生活道路，但在内心的深处，他却无数次地挣扎，试图摆脱受人支配的生活。终其一生，在阿尔都塞与其生命中最重要的两位女人（一位是他的母亲露西安娜，一位是他的妻子海莱娜）的关系上，这种控制与反抗的矛盾纠结始终让他的个人情感在爱恋与憎恶、依赖与忧虑之间分裂徘徊，所有的痛苦都被压抑在外表的平和之下，一旦爆发，则会产生悲剧性的后果，而这也许是导致阿尔都塞后来精神分裂的深刻缘由。

战争与集中营

尽管心里时常感到抑郁，但在总体上，阿尔都塞还是一位听话、聪明而且用功的好学生。1924~1930 年，阿尔都塞在阿尔及尔读小学，1930~1936 年又在马赛完成了中学学业。随后，阿尔都塞来到里昂的"公园中学"就读，准备进军巴黎高师的入学考试。在这所中学中，让·吉东、约瑟夫·沃尔和让·拉苦劳瓦成为阿尔都塞最为亲近的老师和朋友。让·吉东，出生于 1901 年，是位虔诚的天主教徒。他多才多艺，不仅熟谙哲学史，而且也十分擅长对天主教故事中各种人物画以及教堂里各种艺术的绘制工作，他的宗教哲学思想在法国占有重要的地位。通过让·吉东，阿尔都塞学会了以一种极其明晰的方式进行写作的方法，这一方法在他日后的哲学生涯中起着相当大的作用。忠诚睿智的吉东是阿尔都塞一生的挚友，即使是在海莱娜死后，吉东也不顾众多指责，公开发表文章表示继续忠于和阿尔都塞的友谊，并声称始终站在他的一边。约瑟夫·沃尔是阿尔都塞的历史老师，尽管身为一个坚定的天主教徒，但沃尔仍然公开发表对政局以及教皇绝对权力主义的不满。在沃尔的影响下，阿尔都塞开始关注时事政治和现实社会问题，逐渐形成他最早的政治观点。让·拉苦劳瓦是位人格主义的天主教徒，阿尔都塞从他那里接受了改革派天主教的立场，他经常与妹妹乔尔吉特一道参加"行动的天主教"活动，热心探讨天主教的改革与现代化转变的问题。拉苦劳瓦可以说是阿尔都塞精神上的父亲，他在艰苦的环境中保持勇敢态度的精神对阿尔都塞影响深远，虽然他与阿尔都塞在后来也曾经由于信仰的分歧而相互疏远，但他们的友谊一直没有中断，在阿尔都塞人生最低潮的时期，拉苦劳瓦仍然没有放弃这位曾经离经叛道的学生。

1939 年夏天，20 岁的阿尔都塞顺利考入万人向往的巴黎高师，踏上了象征成功的乌尔姆街，实现了母亲对他的期许。然而几乎就在同时，第二次世界大战爆发了，无情的战争将风华正茂的阿尔都塞从宁静的校园拖入了战火纷飞的战场。9 月，阿尔都塞被征调入伍，由于叔叔路易死于空战，他很害怕当飞行员，于是，他设法进入陆军并驻守布列塔尼。次年 6 月，随着德军的进攻，法军全线溃败，驻守布列塔尼的守军全部当了俘虏。由于得到了将在一周之内被释放的承诺以及一旦逃走将连累家人的恐吓，被俘者们放弃了无数次逃脱的机会。三个月后，法国士兵被送往德国的石勒苏益格－荷尔斯泰因战俘营羁押，在那里，阿尔都塞开始了长达五年的战俘集中营的生活。在战俘营里，阿尔都塞的编号是 70670，干的是从货车上卸煤这种体力活。为了防备饥饿的威胁，他每天都把一片面包和少量的布丁藏到床垫下，后来，他发现这些藏起来的食物都变质了。

在集中营，阿尔都塞患上抑郁狂躁症并被送到战俘集中营医院接受治疗。病情好转后，他留在医院中成为一名护士。在这里，他学会了德语，并对集中营的生活渐渐适应。有一段时间，阿尔都塞甚至产生一种奇怪的感觉，他认为与外面残酷的战争相比，在德国卫兵的保护下，在带刺的铁丝网里面，集中营使他感到安全和舒适。此外，在晚年的回忆中，阿尔都塞还以一种理论化的方式回忆了他在集中营中的另外一种特殊感受："在我被俘期间，我发现我十分乐于与那些和我的父母完全不同、并远离由书本、教室、家庭公寓所构成的世界的人们打交道。一句话，我从所有意识形态国家机器中最恐怖、最骇人、最令人毛骨悚然的机构中解脱了出来，这就是家庭。"在这段回忆中，阿尔都塞把家庭称为最恐怖、最令人毛骨悚然的机构，并把同那些与自己父母完全不同的人的接触看作是一种人生的乐趣，显然是对压在心头的家庭的阴影的一种反抗。这也许是因为，阿尔都塞打心底里反感中产阶级的虚伪与道学，渴望融入普通人当中。在童年，由于母亲的层层束缚，阿尔都塞失去了与同龄伙伴交流、玩耍的机会，而集中营的生活却正好使他的童年愿望得以实现，他终于可以同非本阶级的人打成一片了，这未尝不是一种解脱。

与阿尔都塞有相似经历和人生体验的是大名鼎鼎的存在主义哲学家萨特，这位哲学天才也曾说过被俘让他感到更自由的话。但与阿尔都塞不同，萨特在被俘期间勇敢地出逃并加入了抵抗组织，成为反抗法西斯的左翼知识分子的领袖。而阿尔都塞却经过几个月的犹疑，放弃了无数次逃脱的机会，最终在集中营中熬到解放，从这一点也可以看出两位大师个性上的差异。总之，1945 年 5 月，当瘦骨嶙峋的阿尔都塞步履蹒跚地走出集中营时，萨特已经是名满天下的文坛领袖，在思想界的地位如日中天。

值得一提的是，即使是在集中营里，阿尔都塞也没有终止对人生和世界的思考。他写了三本笔记，其中记录了集中营的生活、作为囚徒的心理历程以及哲学思想的片段。尽管接触到共产主义思想，但这时的阿尔都塞仍然保持着天主教信仰，他喜欢帕斯卡尔（Blaise Pascal，1623～1662）和艾克哈特（Meister Johannes Eckhart，1260～1328）。这种哲学品好在某种程度上表明了阿尔都塞对悲观主义和神秘主义哲学的亲近。在集中营的最后岁月里，阿尔都塞还结识了一个"孤单的共产主义者"——皮埃尔·克里吉斯（Pierre Courreges）。皮埃尔是在阿尔都塞的囚禁生活临近尾声时才来到这里的，在此之前，他曾在纳粹政府专门为那些所谓的"冥顽不化"的俘虏准备的一个集中营中待了一年。他的到来极大地改变了整个集中营的气氛，通过他，阿尔都塞第一次接触到马克思主义。皮埃尔是一位具有号召力的人物，尽管孤身一人，仍然以他惊人的热情、正直以及兄弟般的友爱感染了所有人，并使他们团结了起来。可以说，皮埃尔给阿尔都塞上了共产主义的第一堂实践课。

信仰的抉择

第二次世界大战结束后，阿尔都塞重新回到巴黎高师开始他的学业。在加斯东·巴什拉（Gston Bachelard，1884～1962）教授的指导下，阿尔都塞完成了高等研究资格论文（DES，高等研究资格论文，可获得撰写博士论文的资格）《论黑格尔思想中的内容概念》。在这篇论文中，阿尔都塞深入黑格尔哲学的内部，按照黑格尔哲学自身发展的内在逻辑对黑格尔哲学进行审视和评价，探讨黑格尔辩证法的精髓。在行文上，阿尔都塞以真理与内容的辩证关系为主线，重新梳理了黑格尔的哲学，并试图建立一种新的行动的哲学，从而在理论上接近了马克思主义。尽管如此，但在总体思想倾向上，阿尔都塞仍然在马克思主义和天主教这两种异质思想之间左右徘徊。此时，他虽然已经阅读了一些马克思主义的著作，并对集中营里皮埃尔的革命风度由衷折服，但他仍然无法彻底放弃自童年起就深植于灵魂深处的天主教信仰。他无法摆脱两种信仰的纠结，因此利用假期的时间到罗马觐见了教皇庇护十二世。

经过几年的犹豫，阿尔都塞最终决定于 1949 年 12 月 25 日这一圣诞节之夜就脱离天主教问题给让·拉苦劳瓦写信，表明他的宗教立场。这封信断断续续写了将近一个月，于次年 1 月 21 日正式完成，这表明阿尔都塞在信仰选择上是经过非常痛苦的内心斗争的。后来，阿尔都塞在他的自传中也对自己信仰的转变有所谈及："我在中学和大学期间，曾是'行动的天主教'的积极分子，教会在 30 年代创建了自己的青年组织以便抵制'社会主义'思潮的影响。它对我们很有帮助。我们都是小资产阶级家庭出身。我们的指导神甫同我们谈论过'社会纠纷'，这使我们更快地了解社会，那个时期信仰天主教的同学大多成了共产党员，这真是'历史的玩笑'！"无论如何，给让·拉苦劳瓦的信以宣言的形式表明了阿尔都塞与此前信仰的决裂，他开始正式以马克思主义者的面貌示人。

但是，这也许只是问题的表面。尽管给拉苦劳瓦写了那封语气尖锐、观点激进的信，但拉苦劳瓦并没有因此责备和怨恨阿尔都塞，他更多地表现出一种慈父般的宽容态度。而且，阿尔都塞与另一位虔诚的天主教信徒让·吉东的友情也没有因信仰的不同而中断，他们之间的精神联系一直相当密切。阿尔都塞甚至把自己在法国共产党内遇到的一些困扰和烦恼向吉东倾诉，听取吉东的意见，寻求他的帮助。有资料表明，阿尔都塞对宗教的神秘纯洁性的痴迷一直延续到 1980 年，也就是那场悲剧事件发生的那一年。这一年，阿尔都塞曾经请求他的朋友设法帮他觐见教皇让-保罗二世（Jean-Paul II），这使得人们对阿尔都塞是否在其生命的最深处发生过变化产生困惑。一位与阿尔都塞私交密切的朋友认为，阿尔都塞的精神信仰具有两重性：他（指阿尔都塞）是一个引用尼克洛·马基雅维利（Niccolò Machiavelli）和卡迪内尔·德·雷斯（Cardinal de Retz，红衣主教）一样熟练的哲学家，一位将阿维拉的圣·特蕾莎（Saint Teresa）修女的著作和彼得格勒的列宁同志的文集并列放置在一起的哲学家，一位把帕斯卡尔对伽利略世界的"永恒寂静"的召唤（the "eternal silence" of Galilean universe）和马克思的改变世界的使命一起钉在书房墙上的哲学家。根据这些线索，弗朗索瓦·多斯这样解释阿尔都塞信仰的转变："作为帕斯卡尔的伟大解读者，阿尔都塞的心中充满了悲剧神秘主义的忧虑，以及难以消解的矛盾。不过，在放弃了基督教之后，他把自己对上帝的追寻转换成对马克思主义的追寻，把马克思主义看成水晶一般的哲学，认为它能弥补没有宗教信仰的缺憾，并超越形而上学。之所以如此，因为马克思主义可以用完整、唯一、严密的科学取代宗教。"

爱情的邂逅

除了母亲，妻子海莱娜是阿尔都塞生命中具有举足轻重地位的女性。阿尔都塞的朋友约翰逊这样形容阿尔都塞与妻子的关系："他完全地依赖于海莱娜，无论是他的健康、他的教学工作、还是他的论著的出版、还是他的朋友圈，都是如此。"尽管阿尔都塞本人加以否认，但约翰逊却回忆了一件事，用以说明阿尔都塞对妻子在精神和心理上的依恋。1978年，当阿尔都塞应约翰逊的邀请，在伦敦的讨论班上作报告时，他每天都要给远在法国的海莱娜打两次电话，并把讲课的录音带寄给她，征求她的意见和看法。阿尔都塞的这一举动在外人看来显然是非常奇怪的。朋友们私下都认为海莱娜对阿尔都塞具有某种操控权，她在某种程度上主宰了两人的关系。

那么，阿尔都塞又是如何与妻子相识并相爱的呢？在自传《来日方长》中，阿尔都塞为我们讲述了他的爱情和婚姻：1946年12月，当巴黎仍然被大雪所覆盖的时候，一位朋友向他提起了海莱娜："她是一位略带疯狂但却具有非凡的政治理解力的品德高尚的女性。""略带疯狂"这个词使阿尔都塞对这位素未谋面的女子产生了好奇。不久，阿尔都塞和海莱娜在这位朋友的邀请下，共同拜访了朋友的母亲。他们一起谈起了战俘集中营、犹太人的被驱逐和法国的抵抗运动。阿尔都塞认为，他与海莱娜的相遇是两个极端孤独的人的相遇，他们具有相同的痛苦感受，相似的孤独感和同样强烈的渴望。从那时起，阿尔都塞的内心便对海莱娜充满了一种强烈的情感：他要拯救她并从此改变她的生活！当然，在此后的婚姻中，情况与阿尔都塞最初的想法恰好相反，阿尔都塞反而越来越依赖于海莱娜的"拯救"，而这却是阿尔都塞始料不及的。

海莱娜出生于法国一个贫困的犹太人家庭，由于不是想象中的男孩，海莱娜被母亲所厌弃，从小缺乏母爱。她被看作一个充满野性和反叛精神的坏孩子，性格狂暴，难以驯服。母女之间这种相互仇视的关系对海莱娜的一生造成了挥之不去的阴影：她有一种不可扼制的恐惧，害怕她自己有一天也会成为一个像母亲那样好战的、坏脾气的女人，狂躁且非理性，不由自主地伤害周围的人。与母亲相比，海莱娜的父亲是一位温和而富有爱心的绅士。他购买了一匹马，并与女儿一起照看它，这是让小海莱娜最感到快乐的事情。但好景不长，不久父亲便身染重病，临终之际，在海莱娜的许可下，医生开出大剂量的吗啡，以减轻父亲的痛苦，让他安静地死去。海莱娜因此失去了爱她的父亲。这件事情对海莱娜刺激很大，她感觉仿佛是自己杀害了父亲，一种负罪感深深地折磨着她，使她饱受精神困扰。

失去父亲护佑的海莱娜后来依靠自己的力量谋取了一份收入微薄的工作，并结识了一位对斯宾诺莎和黑格尔颇有研究的哲学家朋友，这使她后来能够与阿尔都塞进行深入的交流。20世纪30年代，海莱娜加入了法国共产党，并因为超乎寻常的勇气和决断力在工人中获得极高声望。在抗击德国法西斯的战争中，尽管有许多同志在战斗中牺牲，但海莱娜仍然不屈不挠，斗志不减，勇敢地坚持战斗，这一点使阿尔都塞尤为钦佩。作为一位坚定的共产主义战士，在海莱娜的心里，对"工人阶级"的情感至为重要，这更有甚于对这个阶级的领导和组织者的情感。1968年以后，法国共产党与工人运动日益远离，海莱娜也由于种种原因被开除出党。对此，她毫不后悔，她甚至对阿尔都塞仍然留在共产党内感到不解，在她看来，法国共产党已经背叛了它的阶级，在这个时候继续留在党内根本毫无意义。从这一点，我们也可以看出海莱娜倔强的性格和强劲的个人意志。

1946年，当阿尔都塞和海莱娜初次相识时，正是海莱娜人生中最为孤立无援的时刻。她在战争中不仅失去了所有的朋友，也失去了深爱的恋人，一位反纳粹的神职人员。她一生都在为没有营救出她的爱人和这些同志而深感内疚。对于这次见面，阿尔都塞这样写道："两个极端孤独的人，都处在绝望的深渊中，在完全偶然的情况下相遇，我们认识到我们相似的精神境遇，我们有着同样的痛苦、磨难、孤独和渴望。"但是，两人并没有立即陷入爱情之中，其貌不扬的海莱娜很难令男人一见钟情，而当时阿尔都塞的身边也已经有了一位年轻开朗的女朋友安吉丽娜。阿尔都塞对这个已到中年的女人并没有什么特殊的感觉。在这次会面之后，阿尔都塞去了罗马，他如愿以偿地觐见了天主教的最高领袖——教皇。回国后的某一天，阿尔都塞突发奇想地邀请安吉丽娜和海莱娜一同在他的公寓里喝茶，那时阿尔都塞 30 岁，海莱娜 38 岁，而安吉丽娜只有 20 岁。一开始，他们谈天说地，气氛还算融洽。可不知为什么谈到了古希腊的悲剧作家索福克勒斯，两个女人就此争执了起来。安吉丽娜对古典悲剧持一种学院化的正统观点，而海莱娜则持有不同的见解，两个女人激烈地争论起来，而阿尔都塞却站在一旁不知所措。在争论中，海莱娜迸发出一种难以理喻的激愤，她的愤怒和咆哮使安吉丽娜无法接受。也许对阿尔都塞的置身事外和袖手旁观感到不满，安吉丽娜从此退出了阿尔都塞的生活。

安吉丽娜的离去为阿尔都塞和海莱娜的结合提供了机会。两人交往日益密切，并发生了肉体关系。也许是因为童年对母亲的痛苦的记忆过于深刻，年近 30 岁的阿尔都塞在与海莱娜有了第一次的肉体关系后竟然陷入了极度的痛苦和焦虑之中，他沮丧而懊恼，同时也迁怒于海莱娜，不久竟因精神抑郁而住进了医院。在医院，阿尔都塞不得不接受电击治疗，巧合的是，为阿尔都塞进行电击的是一个绰号叫"斯大林"的强壮男人，这对于这位马克思主义的信仰者来说也许是一个绝妙的反讽。出院后，阿尔都塞接受了海莱娜为他安排的乡间康复生活，两人重归于好，度过了一段非常美好的日子。尽管海莱娜比阿尔都塞大八岁，但阿尔都塞享受着这种无与伦比的爱的滋味。此时在他眼里，海莱娜是一位有着清晰思维、慷慨品质和巨大勇气的女性。作为一名革命战士，海莱娜的人生遭遇过太多的不幸与磨难，她在战争中的坚强和勇敢的表现使阿尔都塞对她格外敬重。和海莱娜在一起，阿尔都塞感受到年轻的欢乐，因为海莱娜不仅是位爱人，也像母亲爱她的孩子一样爱着阿尔都塞。在后来的回忆中，阿尔都塞准确地分析了他对海莱娜的爱的情愫的产生缘由："她年长于我，已然经历了全然不同的生活的历练，她像母亲爱孩子那样爱着我，同时，她也像一位父亲那样引导着我，带领我步入真实的世界。"对于阿尔都塞来说，海莱娜同时兼备父亲与母亲的双重身份特征，这恰好满足了他对童年缺失的父爱与母爱的渴望。当然，此时的两人谁都没有预见到今后的共同生活中所遇到的种种困难以及因性格因素而引发的无数次战争。

教学与著作

　　1948 年通过教育资格考试后，阿尔都塞留校任教，定居于乌尔姆大街的高师。他继承了乔治·古斯多夫的教席，成为一名"眼镜鳄"（高师学生对老师的戏称，形容老师学识高深同时令人生畏）。他的主要工作是讲授古希腊哲学，同时也负责帮助准备参加教师资格考试的学生获得教师资格文凭。在跟随巴什拉学习期间，阿尔都塞的研究重点是黑格尔哲学，担任教职以后，他最初开设的课程却是柏拉图哲学，这使他在为期两年的讲授期间，不得不一刻不停地督促自己同步学习。对于自己的哲学知识结构，阿尔都塞非常谦虚，他这样总结："实际上，我的哲学文本知识是相当有限的。我对笛卡儿和马勒伯朗士很熟悉；对斯宾诺莎有一点了解；对亚里士多德、智者派和斯多葛派完全不了解；对柏拉图和帕斯卡尔知道得很多；对康德完全不了解；对黑格尔有点了解；最后对我正在研究的马克思著作的一些段落有点了解。"话虽如此，从日后的授课情况看，阿尔都塞讲授过 18 世纪法国哲学、霍布斯主义和马基雅维利主义，加上早年天主教经院哲学的熏陶，他的哲学功底还是相当不错的。

　　阿尔都塞在理论研究上的禀赋在于他具有"某种直觉的能力"，这使得他能够迅速洞见理论问题的症结之所在，并确立各种立场之间的理论联系。对于当代哲学的发展，阿尔都塞坦承，他对逻辑实证主义和英国分析哲学研究不多，但他对以萨特和梅洛-庞蒂为代表的法国现象学还是做过一些深入研究。他对海德格尔也相当重视，认为海德格尔致让·波弗勒的《关于人道主义的信》影响了自己在马克思主义研究中关于理论上的反人道主义的论证。这表明，在阿尔都塞的思想传承中，不光有取自巴什拉的科学主义方面的成分，也有取自海德格尔的大陆形而上学方面的思想资源。

与此同时，阿尔都塞还与让·伊波利特和弗拉基米尔·扬凯列维奇一道，开始从事关于"法国18世纪的政治与哲学"课题的研究。20世纪60年代，阿尔都塞在巴黎高师开设"《资本论》研讨班"和"结构主义读书会"，吸引了来自世界各地的青年学生。学生们把阿尔都塞看成精神领袖，追逐他的演讲，讨论他的著作，并将他的思想贯彻到其他各门学科（如政治学、语言学、符号学）的研究中去。一名来自美国的学生后来回忆阿尔都塞的教学时这样写道："我们那时有成千上万的阿尔都塞的崇拜者。我们在等待着。我们伺机而动。我们对他可能采取或不采取的立场进行无穷无尽的推算。他的一个词就够我们忙的了，他的只言片语那就是我们的幸福了。若是我们当中有谁偶然在某本旧杂志中发现他的一篇我们不知道的文章，在我们这个小圈子里便如同过节一般！大量地复印！像对非法出版物一样相互传阅！把它当作圣物一般地崇拜！"的确，阿尔都塞是一位充满激情的老师，他严谨的教学态度，清晰的教学理念及其与学生的亲密友谊，使得他的教学和思想对法国知识界产生了重大而深远的影响。他辅导过的学生中，有几位日后成为名震一时的著名学者，如米歇尔·福柯、雅各·德里达、皮埃尔·布尔迪厄和吉尔·德勒兹等，他们都对政治与哲学的关系备感兴趣，这固然是受到巴黎高师这个思想革命中心的历史传统的熏陶，同时也与学生个人的性格特质、理论旨趣以及阿尔都塞在学术路向上的引导和启蒙不无关系。

作为一位因为对马克思主义理论提出创造性见解而闻名的哲学家，阿尔都塞始终对历史和时代保持冷静的观察，并从理论和实践的相互关系中发展自己的思想。在研究中，他逐渐明了自己的理论目标：第一，批判并超越法国以及法国以外其他国家对马克思理论的解释现状，超越意识形态的论争，对马克思理论进行系统而科学的诠释，还马克思以本来面目。第二，关注共产主义的现实运动，突破斯大林的教条主义，测定苏联及其他社会主义国家消极的现实与马克思理念之间的落差。第三，反对在批判斯大林机械主义的口号下，复活人道主义、黑格尔主义等资产阶级意识形态，坚持历史唯物主义，反对哲学向唯心主义的复归。

从 1960 年起，阿尔都塞陆续发表了一系列讨论马克思主义哲学的论文，包括《论青年马克思（理论问题）》《矛盾与多元决定（研究笔记）》《卡尔·马克思的〈1844 年手稿〉〈政治经济学与哲学〉》《费尔巴哈的"哲学宣言"》《关于唯物辩证法（论起源的不平衡）》和《马克思主义与人道主义》等，这些论文由于触及苏共"二十大"之后国际共产主义运动的重大理论问题，尤其是严厉批驳了法国共产党的理论权威罗赛·加罗蒂的人道主义观点，所以在党内外产生了激烈的争论。在同一年，阿尔都塞与其他几位学生和同事合著的《读〈资本论〉》也由马斯佩罗出版社出版发行，在法国知识界，尤其在青年学生中产生了巨大反响。这两本抽象的哲学论著在短期内连续再版，明显地具有某种战斗性的姿态，引发学术界的高度重视，甚至成为普通大众街谈巷议的话题。从风格上看，《保卫马克思》以公开论战著称于世，而《读〈资本论〉》则以周密的论证享誉学界。两本书一反人道主义的陈词滥调，采用结构主义的方法对马克思思想进行了全新的解释，既系统批驳了以往各种思想倾向，又以严谨的逻辑对马克思理论进行了系统重建，一举奠定了阿尔都塞作为马克思主义理论家的重要地位。1966 年，英国《泰晤士报·文学副刊》以"结构主义马克思主义"为名对阿尔都塞进行了介绍，并由此在世界范围内产生了重要影响。

第 2 章

宗教情结

《青年基督教》时期

阿尔都塞从小受母亲的影响，在严格的天主教家庭中成长，是虔诚的天主教徒。出于对天主教当代社会作用的忧虑，他与妹妹一同参加了左派天主教的社会运动，并为《青年基督教》这一主张教会改革的刊物撰写稿件，苦苦探求天主教的当代生存与发展问题。

在阿尔都塞看来，在现代社会中，虽然许多信徒还没有离开教会，但支撑教会并在教会中寻求慰藉的人正在逐渐消失。要摆脱这种困境，必须对教会的意识形态和社会形态进行改革。阿尔都塞认为，教会的世界观是以柏拉图和亚里士多德的哲学为基础，并经过奥古斯丁和托马斯·阿奎那的建构而形成的古典观念体系，随着亚里士多德物理学的解体，建筑于其上的阿奎那的概念也已经过时。在当代，一种新的人类存在的方式已经到来，人们对真理的占有已经不再表现为哲学形式，即不再表现为思考或反思的方式，而是表现为真实的活动。因此，教会的意识形态要想获得现代化的形式，必须求助于新的哲学形态，而对于阿尔都塞来说，马克思主义则代表着这一新的占有真理的方式。因为马克思主义的一个最主要的观点是强调在劳动和历史活动中，人类具体创造了自己的生活，因此，一切矛盾的解决都要放置于实践中进行"还原"。这一观点很符合阿尔都塞当时的心理需求。在阿尔都塞看来，若想使基督教在现代社会获得发展，就得改变它的哲学基础，抛弃阿奎那主义，而寻找新的理论根基，这一根基在他看来，就是马克思主义的实践哲学。

这是一个非常大胆的理论设想，但并非完全异想天开，事实上，有许多理论家一直在从事将马克思主义与基督教进行"结合"的工作，比如当代著名神学家保罗·蒂里希等人。阿尔都塞也很想将这两种不同的理论资源调和一致，从而解决信念上的冲突。因此，他与《青年基督教》的部分成员一样，主张"宗教与社会解放相结合！天主教与马克思主义相结合"的教会内部改革。在一篇文章中，阿尔都塞直接把通过无产阶级斗争而达到的社会解放作为教会改革的一部分。他认为，如果教会想对今天的人们说话，如果它想以内部斗争为代价重新恢复一种真正有信仰的生活，它就必须同时完成两个任务：社会解放和信仰生活的恢复。阿尔都塞甚至认为，为教会争取社会解放的斗争与无产阶级争取人类解放的斗争是不能分割的，真正的基督徒必须在无产阶级摧毁封建和资本主义结构的斗争中扮演重要角色。不难看出，这一时期的阿尔都塞虽然在情感上还依附于基督教，但在政治观念和哲学立场上，他已经对马克思的思想表现出了浓厚的兴趣。事实上，阿尔都塞的这种思想倾向并不是一种个别现象，与他共同参加"教会青年"团体的成员，大都也在某种程度上接受了马克思主义的思想。

是什么原因使得马克思的影响如此深入人心，以至于在宗教领域也能引发如此之大的影响？这不能完全从基督教内部寻找原因，事实上，基督教与马克思主义的这种"相遇"只是一种特定历史情况下的偶然现象，而以马克思思想为指导的共产主义运动对人们思想的震撼却是不可回避的客观事实。因为，自 1918 年以后，社会主义制度就已经作为一种现实的社会形态出现在这个世界，马克思主义从这时起就已经不仅仅是一种理论而是作为一种可实践的思想形态给人们的现实生活带来巨大影响。人们寄希望于马克思主义，希望通过这样一种解放的理论摆脱资本主义发展过程中的种种弊病，实现人和社会的健康发展。"十月革命"的胜利为人类的历史翻开了崭新的一页，社会主义建设初期所取得的伟大成就让人向往、惊叹，苏联在抗击法西斯主义中所起到的重大作用让世人肃然起敬，这一切都使苏联及其所奉行的社会主义制度像一面旗帜一样高高矗立，让人神往。知识分子的心中仿佛吹响了解放的号角，一种新的社会前景就摆在人们眼前。苏联已经取得的成就让任何严肃思考这个世界未来的思想家都必须正视马克思的思想及其未来发展的可能性，这其实是一种来自现实、来自历史的要求。

神学的马克思主义

第二次世界大战是 20 世纪最为沉重和伤感的话题，给欧洲知识分子的心灵带来极度震撼，他们不约而同地关注人类的未来这一重要问题。当时，摆在欧洲知识分子面前的选择主要有两个：一个是美国模式，走向发达的资本主义；另一个是苏联模式，走社会主义的道路。这不仅是两个国家为争夺全球利益和世界影响的斗争，也关系到一系列价值观和意识形态的冲突与对立。西方认为资本主义扩张、民主、人权和基督教文明受到了来自苏联计划经济、专制恐怖和无神论的严重挑战，而苏联则认为共产主义必将取得最后的胜利，称美国为"罪恶的帝国"，认为苏联作为无产阶级的国家，有义务支持世界革命和民族解放运动，鼓励和支持各国走社会主义道路。究竟在美国与苏联之间如何抉择，这是一个至关重要的问题。

《善意的国际》是阿尔都塞在 1946 年写作的一篇论文。在这篇论文中，阿尔都塞敏锐地提到了欧洲的未来问题。在他看来，一方面，"在东方，无数的俄国人民已经重新开始工作，他们通过工作使自己与历史相融合"，另一方面，"没有受到战争影响的美国正在计算着得失，检验着自己在海空方面的未来力量，并按它自己对未来所规划的那样在世界上占取了有利位置：一个美利坚的世纪就在前方，它仿佛一个悠长的夏季假日，一直延伸到天的尽头"。正是在这种东西方的对峙中，冷战体制得以形成，而人类也将面临新的威胁。

马尔罗、加缪和马塞尔等法国左翼知识分子站在人道主义的立场上，试图以人道的抗议来反对来自新的国际秩序的威胁，他们提出"人类境况意义上的无产阶级"的概念，认为人类正像一列全速前进的火车，正加速走向深渊，而乘客们却还在为各自的琐事争吵不休。因此，人们需要一个反对命运的神圣同盟，而这个同盟的基础便是对炸弹和死亡的恐惧。阿尔都塞对这种空泛的人道主义的概念持否定态度，他厌烦马尔罗等人的这种政治上的幼稚与理论上的夸夸其谈，并对这种"人类境况意义上的无产阶级"概念进行了细致的理论批评。阿尔都塞首先指出，恐惧并非是无产阶级的专有物，恐惧既缠绕着穷人，也缠绕着富人，正像雨以同样的方式落在善良的人和邪恶的人身上一样，仅仅凭借恐惧这样一种心理氛围是无法将人们联系在一起的。其次，恐惧和它的对象不是一回事，那些害怕的人们不能将其恐惧的对象转变为对恐惧的废除，因为恐惧的人是其自己的囚犯，威胁深藏于他的灵魂之中，这是一个没有栅栏也不可能逃跑的监狱。而无产阶级的被奴役却是一种物质性的压迫，它有其真实的基础和现实的形式，与心理学上的恐惧全然不同，不能用精神上的恐惧取代物质上的压迫，凭空地构造出一个没有任何物质基础的"无产阶级"。

在批评了"人类境况意义上的无产阶级"概念的空泛之后，阿尔都塞以一种超乎寻常的方式将马克思主义和基督教进行了"嫁接"。他以基督徒的身份宣称：作为基督徒，我们相信人类的条件；换句话说，我们相信所有人在上帝和他的审判面前的平等。而对现实世界来说，兄弟般的情感不再是在恐惧或言说中被发现，它只可能在事实中被发现。人类的故土不是人类境况意义上的无产阶级，而是领导全人类迈向自己解放的无产阶级。在这篇文章的最后，阿尔都塞又一次抨击了人道主义者的"幼稚病"，指出他们所有的呼吁不过是想把这个旧世界的人们同他们生存的现实以及他们日常的政治和社会斗争割裂开来，而让恐惧的神话把他们紧紧攫住。阿尔都塞坚决主张一条共产主义的道路：人与其命运和解的道路本来就是占有他的劳动产品、他的全部创造物以及作为其创造物的历史的道路。所谓的对原子弹的恐惧不过是无产阶级状况的一个夸张写照，它表明人类在它自己制造出来的东西面前战栗，这不过表明人被他自己的劳动所奴役。而要克服这种状况，必须进行真实的解放运动。

可以说，《善意的国际》这篇论文试图从宗教救赎的角度对无产阶级的历史使命进行了启示录式的解读，颇具"神学的马克思主义"的意味。但值得注意的是，在这里，阿尔都塞的问题背景是现实的，是对原子弹时代和冷战体制的理论反思，这也即是说，阿尔都塞的理论出发点是现实，而不是抽象的理论与概念。同时，这篇文章中对马塞尔和加缪等人道主义者的批评也表露出阿尔都塞后来理论发展的一个基本思想脉络和理论倾向。而且，正是这种敏感地反映时代的脉搏，勇敢地面对历史提出的问题，并将自己的思考与时代相联系的理论探索精神，构成了阿尔都塞一以贯之的思想风格。

致让·拉苦劳瓦的信

让·拉苦劳瓦是阿尔都塞中学时代的老师，他对阿尔都塞的影响不仅是学识上的，而且也是心灵上的。对于这位曾经的精神上的"父亲"，阿尔都塞内心充满感激，然而，正像所有孩子的成长最终必然要脱离父母的庇护一样，随着阿尔都塞思想的发展，他与拉苦劳瓦的这种精神上的依附关系也走向终结。至少在阿尔都塞看来，他与拉苦劳瓦的友谊是建立在共同的理论信仰之上的。血气方刚的阿尔都塞坚持认为，在真理之外不存在人与人之间的友谊。这也就是说，一旦两人在曾经共同认定的真理这一关键问题上产生分歧，那么，建立在这种共同理想和信念之上的友谊也必将宣告结束。

从信的内容看，导致阿尔都塞与拉苦劳瓦决裂的直接动因是两人对"斯大林大审判"中关于匈牙利共产党的前代总书记拉杰科的判决持对立立场。拉苦劳瓦认为，对拉杰科的审判是一场新的"德雷福斯事件"，他严厉谴责这一判决，反对斯大林的审判。德雷福斯原是法国总参谋部一名犹太上尉军官，在缺乏确凿证据的情况下，被诬陷向德国出卖军事机密而被判处在法属圭亚那附近的魔鬼岛终身监禁，并在军事学院的操场上当众举行了革除德雷福斯军职的仪式。德雷福斯的肩章、帽徽、绶带、勋章全部被扯下，军刀被一折两段。后来在富有正义感的新任情报处长皮卡尔的坚持以及一些进步律师、记者和作家的呼吁下，德雷福斯的案件被重新审理，但由于军方和政界的干涉，案件始终没有得到公正的审理。直到 1906 年，最高法院才最后撤销原判，为德雷福斯恢复名誉。德雷福斯事件前后持续十二年，当时法国从上到下，包括政府、军队、教会、报界、政党、团体、家庭，几乎都分裂成重审或反对重审两派，斗争异常激烈：亲朋之间因争论反目；有的夫妇因此而离婚；即便是家人亲友团聚，只要谈及此案，也会争得面红耳赤，甚至扭打起来；两派甚至动员起各自的群众进行示威游行，一直发展到武装冲突。法国因德雷福斯案而经历了一场空前的政治危机。拉苦劳瓦把斯大林对拉杰科的审判称为一个新的"德雷福斯事件"无疑触碰到了阿尔都塞内心信仰的这个敏感神经。他根据对拉杰科的指控、拉杰科本人的"忏悔"以及许多证人的"证词"，坚持维护审判的正义性。从这里看出，两人之间的分歧绝对不是个人情感上的冲突，而是关于信仰和意识形态的分野。

除却现实立场的分歧，在理论观念上，两人也越来越走向相反的方向。在历史观上，拉苦劳瓦认同依波利特的观点，认为马克思主义终结了异化。一旦异化被消除，人就将重新获得他的"社会本质"，于是便不再有历史，因为历史＝辩证法＝冲突＝异化。而阿尔都塞却认为，马克思从来没有谈到"历史的终结"，相反，倒是黑格尔在 1807 年提出了历史的终结的思想。因为，在黑格尔那里，历史被看作是绝对精神的显现和成熟。异化，对于黑格尔来说，是绝对的自我意识的外在存在。而在马克思那里，历史既不是上帝的异化，也不是人的异化，而是人自己的生活的产物。而当马克思谈及异化的时候，他指的并不是历史，不是"矛盾"或"张力"，而是一个经济概念，指一部分人所实际创造出的东西被另一些人所剥夺。在阿尔都塞看来，马克思所说的共产主义是这样一个历史阶段，它使我们从野蛮和不人道的历史进入自由和充满生气的历史。只有到了共产主义，人才会在他们自身中发现被资本主义窒息了的需求的归宿，发现对音乐、对雪景、对大海、对文化、对发明、对历史和人们所知道的一切东西的需求。

另外，在关于历史的评判方面，拉苦劳瓦认为，对历史的评价有两种类型：其一，将历史视为有限，并且以先验的价值对它进行判断；其二，用历史发展的内在生成的逻辑对其进行判断。他批评马克思主义是"神正论"，认为它以"超历史的理想"来评判历史。阿尔都塞反对拉苦劳瓦对马克思主义的论断，反对拉苦劳瓦所说的"神圣的永恒"，反对用历史的"他者"对历史本身进行评判。阿尔都塞认为，所谓的"精神意义"或"神意的判断"是无法证明世界和历史的合理性的。事实上，正是天命观念为柏拉图的褒渎、圣奥古斯汀的奴役、马勒伯郎士和莱布尼茨的神秘、黑格尔的辩证法以及希特勒的对外政策和屠杀制造了借口，成为所有冒名顶替者的倚仗。阿尔都塞坚持认为，那些创造了真理的人，就是那些用自己的劳动和斗争创造了生命和面包的人，他们就是无产阶级。正是无产阶级在他们同现实的直接联系中创造出科学，从而解救出每个"学者"、每个"艺术和科学人士"。

在信的结尾，阿尔都塞对哲学、科学和艺术中的"党性"问题发表了自己的看法。他认为，建立一个历史唯物主义的一般理论和说"马克思主义是无产阶级的哲学"是一回事。在每个阶段，人们都必须考虑无产阶级的局势，务必最快地给予它能够指导行动的口号。

第3章

与黑格尔主义的相遇与分手

亚历山大·科耶夫的影响

在战前的法国，亚历山大·科耶夫（Alexandre Vladimirovith Kojèvnikov，1902~1968）就已经在巴黎高等实践研究院开设一系列课程，讲授黑格尔的现象学。对于科耶夫而言，他对于黑格尔的解读不仅仅是一种学术上的研究，更加深远的目的在于"震撼人的心灵"。许多当代的法国著名哲学家都曾经参加过科耶夫的讲座，被他睿智的分析所折服。乔治·巴塔耶在他的著作《内在体验》中高度评价了科耶夫的讲座给人们思想和心灵带来的震撼："这是对《精神现象学》的天才解释：不知有多少次，克诺和我从小课堂里出来时透不过气来，是的，透不过气，说不出话……科耶夫的课程将我折断、压碎、杀死了不知多少次。"

为什么科耶夫的思想会有这么大的魔力？他对黑格尔的解释为什么会如此引人入胜？这是因为，科耶夫对黑格尔的"主奴辩证法"进行了细致精彩的阐发，并在其中展现了强烈的个人风格。科耶夫首先认为，人的存在是以欲望为前提的，欲望使人变得不宁静，促使人行动。由欲望产生的行动倾向于使人满足，但为达到这一目的，却只能通过"否定"、破坏或至少改变所欲求的客体才能做到这一点：例如，为了果腹，无论如何都得破坏和改变自然界状态，通过烹饪的方式使自然的果实变成可以食用的食物。因此，欲望必须针对一个非自然的客体，针对超越给定现实的某种东西。然而，能超越给定现实的唯一东西就是欲望本身，正是由于欲望，人的自我才能不断突破原有界限。但是，人的欲望与动物的欲望的不同之处在于，人具有社会性。因此，人的欲望并不仅仅是针对自然世界的简单欲望，作为社会的一个成员，人的欲望必须针对另一个欲望。比如，在男人和女人的关系中，只有当一个欲望不是针对身体，而是针对另一个人的欲望，也就是说，只有当一个欲望试图在其他人的欲望中"被欲求""被爱"或"被承认"的时候，欲望才是人的欲望。这也就是说，一切欲望都是对一种价值的欲望。对于动物来说，最高的价值是它的生命，而人的欲望却超越这种保存生命的欲望，人常常冒着生命的危险去满足其"人的欲望"。这种欲望渴望得到他人的"承认"，因此，人类历史便从两个意识的对立和斗争开始。这一斗争是如此猛烈，以至于战斗者为了争取胜利宁可牺牲自己的生命。只有当一方投降的时候，即当对死亡的恐惧超过了对得到承认和统治地位的欲求时，这一激烈的斗争才能结束。于是，便出现了主人和奴隶的区分。奴隶被判为主人工作，但是这一工作本身包含了与世界的相互作用和对世界的征服。因此，可以用奴隶的工作衡量人类历史的进步。相比之下，主人仍然停留在其欲望被奴隶的劳动所满足的层面上，这意味主体能够作为一个人去死，但却只能作为动物活着。这便是科耶夫对于"主奴辩证法"的基本解释。不言而喻，科耶夫这种融合了尼采、马克思和海德格尔对黑格尔哲学的解释，在法国产生了巨大的影响。

当代法国一流的思想家，如雷蒙·凯诺、乔治·巴塔耶、雅克·拉康以及梅洛-庞蒂等都曾经参加过科耶夫的讲座，从中汲取了很多灵感。因此，有人说科耶夫的讲座"戏剧性地塑造了这个世纪法国知识分子的视野"，这个评语并不为过。

1946 年，阿尔都塞重新回到高等师范学校开始哲学研究，经过慎重的考虑，他选择黑格尔的哲学作为学术研究的主题，这当然与科耶夫的黑格尔讲座在法国的巨大影响不无关系。对于二十世纪四五十年代的这一代法国知识分子来说，阅读黑格尔的《精神现象学》是必不可少的，它是学术研究的一个基本参照点。黑格尔的思想尤其是那些同室操戈之兄弟——存在主义者和马克思主义者——之间相互遭遇的地带，它是两者之间的共同基础，了解黑格尔是了解整个近现代哲学的钥匙。阿尔都塞细心阅读了黑格尔的最主要著作。不仅如此，他认真地阅读了科耶夫的著作，并且兴致勃勃地写信给恋爱中的女友海莱娜，向她诉说自己阅读科耶夫著作时的感受：

> 我读了科耶夫的著作……里面有很多饶有趣味的地方……不管怎样，这对我的高等研究资格论文还是有很大帮助的。

的确，如果没有科耶夫的《黑格尔解读入门》，要想在短时间内完成高等研究资格论文是不可能的。但更为重要的是，科耶夫是一位将政治与学术密切联系在一起进行思考的思想家，这一点对阿尔都塞的影响是至关重要的。早在 20 世纪 30 年代，科耶夫就把对黑格尔和马克思的强烈兴趣与俄国革命和第一次世界大战结束后列宁、托洛斯基领导的共产主义运动联系起来。第二次世界大战更使科耶夫意识到，把知识分子提高到更高的层面，宣称与政治的分离或者说在超越政治的层面上进行哲学探讨是虚伪的矫饰。中立不是一种可行的选择，因此，他对黑格尔的解读也不仅是一项学术事业，而是一种政治的介入。他把它视为一项政治宣传工作，认为对黑格尔的理解将会影响未来世界的社会形态和政治格局。

同时，科耶夫还是一个具有双重性格的人。一方面，他是个不知疲倦的乐观主义者，对现代性的事业充满信心，高扬理性、效率、和平、平等和繁荣等现代性价值，他还是欧盟和关贸总协定（GATT）最早的设计者之一，很早就预言现代资本主义在全球发展的趋势；另一方面，他又自相矛盾地认为现代性已经阉割了这个世界，理性在全球的胜利意味着同质化的压迫达到了历史的极点，在这一点上，他又成为后现代文化悲观主义的同道人，陷入极度的沮丧、消极和阴郁之中。可以说，科耶夫这种双重性格也体现在他的黑格尔研究之中，一方面，他对黑格尔历史哲学的研究具有很多现代主义的色调，另一方面，他对黑格尔哲学中的一些概念又作出一些经过过分渲染的悲观解说，而这种双重特色对阿尔都塞的潜在影响不久便会在后者的思想中清晰地体现出来。

高等研究资格论文

始建于 1794 年的巴黎高师是法国最为著名的高等学府，造就了一大批近代法国人文科学和政治生活中最杰出的人物，是法国知识分子的精神家园。能够进入高师学习深造，是许多法国青年的梦想。他们通过激烈的竞争获得进入这所殿堂的入场券，而一旦学生们考入这所学校，他们就得为另一场更为艰巨的竞争作准备——撰写高等研究资格论文。如果论文获得通过，它就可以作为通往许多令人羡慕的职位的通行证。1939 年7 月，20 岁的阿尔都塞成功地通过了入学考试。他在所有的录取生中排名第六，而他的拉丁语成绩显得尤为突出。战争中断了阿尔都塞的求学之路，直到 1945 年第二次世界大战结束，他才得以重新开始他的大学生涯并准备哲学的高等研究资格论文。

当阿尔都塞重返校园的时候，黑格尔的思想方式已经在法国思想界占据了主导地位。这主要归功于科耶夫对黑格尔思想魔术般的解释与天才的发挥，极大地促成了黑格尔主义在法国的复兴。阿尔都塞选择《论黑格尔哲学中内容的概念》作为其高等研究资格论文的题目，固然是受到了当时流行思潮的影响，但另一方面，黑格尔的哲学也确实与青年阿尔都塞的思想路径相符。阿尔都塞在论文中毫不讳言对黑格尔的钦佩与敬意，并把黑格尔的哲学说成是马克思主义哲学的基础与来源。阿尔都塞认为，黑格尔的思想构成了我们时代的"精神底蕴"，"它在马克思主义和存在主义的哲学中得到活生生的体现"，"只有紧紧抓住马克思理论学说的核心，才能最鲜明地显示黑格尔的价值"。

总体来说，《论黑格尔哲学中内容的概念》是一篇内容深奥、语言晦涩的长篇论文，与阿尔都塞成熟时期作品中简洁鲜明的文风有很大的不同。作为青年时期的探索性研究，这篇论文杂糅了黑格尔、马克思、科耶夫以及基督教神学的思想，同时有迹象表明，海德格尔和萨特的存在主义哲学也对青年阿尔都塞产生了一定的影响，这些都反映了阿尔都塞当时思想中各种观念的冲突。但无论如何，青年阿尔都塞对黑格尔早期思想还是情有独钟的。他大量引用黑格尔的《精神现象学》，并对黑格尔哲学的体系进行了细致的分析。而且，正是通过黑格尔，阿尔都塞对马克思主义产生了浓厚的兴趣。从这篇论文的后半部分可以看到，他对马克思的《黑格尔法哲学批判》以及马克思与黑格尔哲学的关系进行了颇具深度的解析，这表明阿尔都塞作为马克思主义理论家的思想发展历程。

现在，让我们从总体上对阿尔都塞的这篇"处女"论文进行介绍。

阿尔都塞选择"内容"（Inhalt）这一概念作为思考黑格尔哲学的切入点。在他看来，必须把德语词"Inhalt"与"Gehalt"进行严格区分，后者是指具有一种固定内涵的内容，而前者则是指内容的本质。"Inhalt"通过附属的前置词，也通过词根的被动形式明确表达了这种本质之所在：内容是某种"掌握住"的东西，而掌握住的就是"在里面的"——在与掌握它的那种他物的依存关系里面。这也就是说，内容是在反思其自身的他者性的过程中认识到它自身，并由此将自己与他者结合为一个总体的。总体包含了否定性，而为了成为具有解放性的否定性，内容必须不断放弃作为既定物的自身，而处于与他者的不断对话之中，这就是作为内容之灵魂的辩证法。

从行文看，阿尔都塞完全被黑格尔的《精神现象学》和《逻辑学》迷住了。他饶有兴味地分析作为逻辑开端的自在的"无"（Vide），高度赞扬黑格尔的这一哲学起点的逻辑丰富性，因为，开端的"无"并非是一种绝对的空，而是一个具有无限包容性的空间，而那种使空白的"无"充实的东西便是"内容"。这一内容不是空洞的，而是具体的，是可以被时间化的，这正是黑格尔与康德的不同之处。青年阿尔都塞赞同黑格尔关于真理的内容只有在历史中才能显现的观点，认为哲学只有通过主体的解释才能生成于历史的世界中。阿尔都塞还认为，人类的历史恰恰是为了认知虚无而进行的意义深远的斗争，在开端处的虚无性，通过时间化的过程而在历史的终结处获得了真理的要素和现实性，获得了存在的真理性，这是一种人类精神的胜利。此外，阿尔都塞还高度赞扬黑格尔的否定性的辩证法，他认为黑格尔所说的否定是具有内容的否定，这意味着，自我意识并非纯粹的我思，它必须经由历史的中介而将自身外在化，在与对象的遭遇和他者的冲突中，经过无数否定性的经验而得以确立，这种否定在事实上是一种积极的自我充实。自我的存在源自其自身，但它同时也是处在他者之中的自己，它的实现需要他者，并且自我正是在不断的外化和不断克服矛盾的过程中认识自身的。所以，阿尔都塞指出，黑格尔哲学中的内容问题，首先是一个历史维度的问题。这意味着，真理离不开它的生成过程，真理的发展就是真理之自身内容的显现。

对于阿尔都塞来说，黑格尔向世界举起了一面镜子，现实通过这面真理之镜看到了处于历史发展进程中的自身。"凡是合乎理性的东西都是现实的；凡是现实的东西都是合乎理性的"这一断言就像黑格尔成熟时期的大多数格言一样，在具体的现实维度上获得了其最深刻的含义。当然，阿尔都塞并没有讳言黑格尔国家学说的荒谬性，他赞同马克思对黑格尔法哲学的批判，把这一批判看作是对黑格尔哲学中"坏的内容"的批评。尽管阿尔都塞同情黑格尔，对这位在消息灵通的警察监视下的柏林教授的哲学妥协表示理解，但他更赞赏马克思的立场，钦佩马克思的反叛精神。阿尔都塞完全站在马克思立场指出，问题的关键并不是把真理赋予经验的存在，而是把经验的存在引向它自身的真理，哲学家总是试图解释世界，但真正具有历史意义的行为却是通过行动改变世界。阿尔都塞认为，与存在主义为主体的形式占有黑格尔的否定性不同，马克思保留了黑格尔思想中客观性的一面，使黑格尔的哲学转化为一种行动的哲学。从某种意义上，马克思主义可以被认为是这样一种运动，它通过对经济范畴的重新占有而重新恢复了人类事务的多样性，用黑格尔的语言，它的实质是通过经验而对先验重新占有，通过内容而对形式重新占有，通过历史而对自由重新占有。由上面的论述可以看出，此时阿尔都塞还是从黑格尔的哲学出发解释马克思主义，并没有脱离人本主义的解释模式，这一点与他成熟时期的思想完全不同，因此，可以说阿尔都塞的马克思主义观也经历了一个"断裂"，即从黑格尔主义向结构主义的"断裂"。

人，那个夜晚

与许多哲学家一样，阿尔都塞非常重视对黑格尔"主奴辩证法"的研究。当然，他此时对于辩证法的理解仍然是以科耶夫为中介的。1947 年，青年阿尔都塞在评论科耶夫的黑格尔研究的时候，在一篇短文中使用了"人，那个夜晚"作为文章的标题，其主旨是为了探索关于"人是什么"这一古老而常新的哲学命题。这是一个非常诗意的标题，它出自黑格尔在 1805~1806 年间所作的一个演讲，其原文是这样的：

> 人就是那个夜晚，在这个夜晚的朴素中包含了一切的空无：很多无穷多的表现、形象，没有一个会直接与它相联系，但也无一不在。这就是夜晚，存在于此自然的内在——纯粹的自我。在某些变幻不定的表述中，到处是夜晚：此处一个流血的头颅突然被击中，彼处一个白色的人影瞬间消失。当我们在眼睛里观察人类的时候我们看见了夜晚，那个使我们害怕的夜晚：世界的夜幕在我们面前升起。

这是一段充满隐喻并颇具浪漫主义风格的论述，主要阐述黑格尔关于人的看法。萨特曾经在他的《凝视》中把这段话的最后一句作为章节的引语，认为这段话居高临下地统摄了整个当代人类学。对于黑格尔来说，人是包含一切的空无的夜晚，人诞生于人类的空虚之中。人是一个空无，指的是人并不像自然一样是一个既定之物，而是指人没有任何规定，他只能通过劳动和斗争证明自己的存在。通过劳动，人使自然服从于自己的意志并使之成为自己生存的居所。通过斗争，他赢得同伴的认可并为自己建筑在社会中的地位。同样，这种辩证法也充分体现在爱情上。相爱时，爱人从他心爱者的眼睛中寻找自己的黑夜，在对方的眼睛中寻找对自己的爱的承认。在这些斗争中，人们不是为了疆土或武器作战，而是为了赢得对手的承认。此外，黑格尔还把人的本质构想为死亡，认为普遍性出现在个体死亡之时。他关心死亡的积极功能，即蕴含在死亡的普遍性中的肯定方面。认为只有当个体在他的死亡中不消失，而是继续存在并"逗留在死亡中"的时候，死亡对人的奴役才会被克服。对于黑格尔来说，生命因衬着死亡的底色而显得特别醒目，就像个别衬着普遍的底色而显得特别醒目一样。

通过科耶夫的注解，黑格尔关于生命和死亡、主人和奴隶的辩证法获得了最为精妙的解释。然而，阿尔都塞也发现，科耶夫仅仅是发展了黑格尔否定性的主观方面，而有意忽视了其客观方面。在黑格尔哲学的客观方面，历史被看作是一种狡计，它只是在结尾处才放弃它的秘密；它愚弄了在痛苦和劳作中把它建构出来的个体。在黑格尔那里，总体性的王国不仅仅是空无（主体）的王国，也是存在（物质）的王国。但是，科耶夫却将主体（人类的否定性）从这个总体中分离出去，巧妙地证明历史不过是主体的物质生成。黑格尔哲学的另一方面，即物质的主体生成被科耶夫有意地抛弃了。于是，就像切苹果一般将黑格尔割裂成了两半，并放弃试图将它们结合在一起的任何努力。

告别新黑格尔主义

1930 年以前，法国知识界对黑格尔基本上持漠视的态度，黑格尔仅仅被看作俾斯麦和威廉皇帝的精神之父，一个保守的德国大学教授。但是，自从科耶夫讲授黑格尔以来，黑格尔哲学在法国思想界重新获得重视。在这股思潮中，除了科耶夫，另一位学者也对黑格尔主义的复兴起了重要作用，他就是让·伊波利特。在第二次世界大战期间，伊波利特出版了他的译著《精神现象学》和《法哲学》的导言，战后又发表了论文《黑格尔精神现象学的起源和结构》。对于伊波利特而言，他的研究旨在以黑格尔哲学为起点，通过黑格尔对马克思的实践哲学作出"某些马克思不曾梦想过的修正"。

对于这场黑格尔复兴运动，阿尔都塞起初也是热情洋溢地参与其中，但随后不久，他便开始对这种复兴的政治意蕴怀有疑虑。在他看来，资产阶级重新提到黑格尔不是为了理解其哲学的真正历史意义，也不是为了在理性的辩证法中寻找革命方法的前提，而是把注意力集中在黑格尔哲学的反动方面。于是，阿尔都塞打算以"回到黑格尔"（副标题为"黑格尔、马克思以及伊波利特，或者大学修正主义的最后说教"）为题目，以对伊波利特和科耶夫的讨论为线索，来讨论黑格尔的幽灵与法国资产阶级哲学相结合的问题。

首先，对于黑格尔这个被埋葬了一百多年的幽灵在法国重新复活的原因，阿尔都塞认为，要回答这个问题就需要把整个事件放到资产阶级意识形态的历史语境中来加以考察。阿尔都塞认为，从1820年到1848年，黑格尔哲学（尤其是他的法哲学和宗教哲学）一直是作为普鲁士专制政权的御用哲学而存在的，资产阶级哲学对黑格尔没有兴趣，相反，自由主义却构成了新生的、正在发展的资产阶级特有的意识形态，成为资产阶级价值观念的"骄傲"。但是，从19世纪末开始，在面临工人阶级兴起的威胁和世界大战的恐怖的情况下，曾经睥睨一切、始终保持乐观并对科学和历史充满信心的自由主义已经逐渐失去市场，资产阶级更多的是要求驯服的士兵、警察、公仆和法官以及一个听话的工人阶级，阿尔都塞认为，上述这些才是黑格尔主义复兴的历史语境。

接着，阿尔都塞批评了科耶夫所高扬的关于主人与奴隶的辩证法，阿尔都塞断言这是为资产阶级独裁的极端形式——暴力和战争——正名，因为科耶夫在其中发现的只不过是这样一种思想：即"人类处境"的基础注定是痛苦和暴力，并把殊死的斗争、求得威信的斗争视为趋向新的"权力意志"，作为解决构成人的条件的所有问题的普遍性手段，从而把黑格尔的哲学重构为当代法西斯主义的神话。而对于伊波利特借助黑格尔对马克思进行"修正"的理由企图，阿尔都塞更是认为这实际上是抹杀马克思对黑格尔的批判，任何修正和"超越"都不过是企图把知识分子的视线从最激烈的阶级斗争中转移到为法西斯式的意识形态寻找论据上来。对于资产阶级来说，黑格尔的问题只不过是一个如何用来攻击马克思的问题。至此，阿尔都塞与法国的新黑格尔主义已经完全划清了界限。

第 4 章

保卫马克思

"法兰西的贫困"

法国有着悠久的社会主义思想的传统，从摩莱里到巴贝夫，从圣西门到傅立叶，从布朗基到蒲鲁东，他们对科学社会主义学说的创立都作出过巨大贡献。但是，进入 20 世纪以来，法国共产党在哲学和意识形态领域的斗争却日益暴露出其理论上的贫乏。其表现在于，共产主义的理论家把一切哲学都当作政治，对于艺术、文学、哲学或科学，总之对于整个世界都无情地用阶级划分这把刀来一刀切，漫天挥舞的只有"要么是资产阶级科学，要么是无产阶级科学"这面大旗。这个极"左"的公式本是波格丹诺夫和无产阶级文化派的口号，却被法国共产党的一些领导人拿出作为现代斗争的武器。以至于在这条专横路线的指导下，教条主义横行，党内理论贫乏，党内哲学家或者人云亦云，或者保持沉默，或者盲目信仰，或者被迫信仰。在斯大林主义教条的控制下，法国共产党扮演了意识形态和政治的先锋队的角色，这使得它失去许多知识分子的支持，日益变得僵化和专横，极端缺乏理论素养，丧失了理论上的独立性和创造性。在阿尔都塞看来，尽管法国共产党在自己的周围团结了一些著名的知识分子，但他们主要是些大作家、小说家、诗人、艺术家和自然科学家。他们中只有极少数的知识分子具有足够的哲学修养，能够认识到马克思主义不仅是一门政治学说、一种分析和行动的"方法"，而且作为科学，它是发展社会科学、人文科学、自然科学和哲学所不可缺少的基础研究的理论领域。基于上述情况，阿尔都塞把法国共产党在理论上的贫乏称作"法兰西的贫困"。

与之相对立，阿尔都塞将自己的理论工作看成挽救法国马克思主义理论贫乏症的庄严斗争，这种斗争的悲壮感一直延续到他生命的最后时刻。在阿尔都塞看来，要恢复马克思主义理论的生命力，就要同时应对来自"左""右"两方面的挑战。一方面，要反对斯大林主义那套独断专横的思想意识形态狂热，另一方面，则要反对把马克思主义人道主义化，用人道主义的立场和观点来解释马克思主义。有西方学者认为阿尔都塞是斯大林主义者，或至少是新斯大林主义者，因为他对斯大林主义的批评不够彻底，甚至为斯大林辩护，肯定斯大林对马克思主义的发展作出了贡献。这种观点其实是片面的，因为，在阿尔都塞看来，在赫鲁晓夫抛出"二十大秘密报告"之后，法国共产党在政治上完全不知所措，而在理论上则把以前所信奉的苏联式的马克思主义视为教条主义和形而上学完全抛弃，转而无条件地接受对马克思主义的人道主义解释。其中，法国共产党的主要领导人加罗蒂便是其中的代表人物。他在《人的远景》一书中把"人道主义"作为马克思主义的中心观点，认为"人"是马克思主义的出发点，他用"异化"理论解释社会科学主义，认为人类的远景就是实现人道主义，而共产主义则是人道主义的实现道路。

阿尔都塞反对这种对马克思主义的人道主义解释。他认为，在苏共"二十大"之后，斯大林主义对马克思主义，对各国共产党已经不会再造成什么危害，而人道主义的马克思主义却是目前法国共产党面临的最主要危险。阿尔都塞认为，人们不应该把在实践中的失望、错误和混乱，统统推到斯大林的身上，教条主义的结束使研究工作获得自由，但同时也使一些人产生了人道主义的狂热，仓促地把他们获得解放的感受和对自由的喜爱这类意识形态言论宣布为哲学。更有一些马克思主义哲学家，为了让别人起码能听得下去，不得不把马克思装扮成胡塞尔、黑格尔或提倡伦理和人道主义的青年马克思，这些都使得马克思主义哲学的地位岌岌可危。但是，任何狂热都必定像抛向空中的石子一样，肯定会落到地上。马克思通过创立他的历史理论，奠定了马克思主义理论大厦的基础，但还有大量的工作需要后人去做。如果要为马克思主义哲学提供更多的存在理由和理论根据，今天的使命和任务就是发展唯物史观，探讨历史发展的规律，而不是重复关于自由、劳动或异化的苍白论述。

"认识论的断裂"

针对人道主义的马克思主义思潮，阿尔都塞指出，对于当代的马克思主义哲学而言，一个最根本的问题就在于如何阅读和解释马克思青年时期的著作，如何看待马克思青年时期著作与其晚年著作的关系。据此，阿尔都塞提出"断裂说"。他以1845年为界，把马克思的思想分为前期的意识形态阶段和后期的科学阶段，在学术界引起巨大反响，他将自己的这一学说称为"认识论的断裂"。

事实上，"认识论的断裂"这一概念并非阿尔都塞的首创，而是他的老师巴什拉（Gaston Bachelard）首先提出的。巴什拉是法国哲学史上的一位奇才，在科学认识论和诗论两种文化体裁上都显露出了创造性的才华，他的著名的四元素分析，即《火的心理分析》《水和幻想》《空气的幻想》《土和意志的幻想》以诗一般的语言和想象力阐释哲学上的本原问题，仿佛是哲学领域的"魔幻现实主义"，令人赞叹不已。在科学认识论领域，他强调科学发展的非连续性，认为科学进步的前提是与先前提出的科学概念不断决裂，从而实现科学认识的革命性发展，而这种决裂被巴什拉称为"认识论的断裂"。

阿尔都塞引入了巴什拉的这一概念并进一步指出，任何已被公认的科学都是从它的史前时期中脱胎而出的，这种脱胎方式就是巴什拉所说的"认识论的断裂"。为了更加清楚地理解"认识论的断裂"这一思想，首先还需要了解一个与之相关的概念，即由阿尔都塞的朋友雅各·马丁提出，但经过阿尔都塞进行锤炼的概念——"总问题"（problématique），或译"问题结构"。所谓"总问题"，是指理论形态的特殊统一性，它是在特定的时代被历史地创造出来的支配性的思维结构，它明确地限定理论思维的可能性及其界限。有时候，人们也许并没有认识到这种思想和思维，但"总问题"却从背后支配和决定各具体问题的意义和形式，确定着这些问题的答案。一般说来，"总问题"并不是一目了然的，它总是隐藏在思想的深处，在思想的深处起作用，因此，有时候为了找到"总问题"往往需要不顾思想的否认和反抗，才能把总问题从思想深处挖掘出来。而所谓"认识论的断裂"，则是指理论话语从一个问题结构向另一个问题结构的"结构性转变"，在这个转变过程中，提出问题的方式、解决问题的思维也都随之发生了根本性的转变。

正是在提出了"总问题"（"问题结构"）和"认识论的断裂"的概念之后，阿尔都塞开始了对马克思理论的独特诠释。阿尔都塞认为，在马克思的著作中，确实有一个"认识论的断裂"，这个断裂就发生在马克思生前没有发表过的、用于批判他过去的哲学（意识形态）信仰的那部著作：《德意志意识形态》。马克思思想在断裂以前的"总问题"，是黑格尔/费尔巴哈式的问题结构，这种思想结构的主要概念工具是"主体/客体""本质/表象""本真/异化""个体/类""特殊/普遍"，而这其中，尤其以"异化"概念最为人们所推崇，许多人道主义的马克思主义者就是用这一概念对马克思的思想进行诠释的。在"断裂"之后，马克思的理论总问题是"科学"。马克思在完成《资本论》的过程中，创立了经济和历史的科学，同时也潜在地产生了构成新的科学的可能性条件的理论，即马克思自己的哲学——唯物辩证法。马克思在《资本论》中，实现了创新新的科学与创新新的哲学这样的双重"革命"。

然而，"断裂"并不是一下子就完成的，《德意志意识形态》实际上是对马克思所抛弃的形形色色的意识形态所作的评论，这个评论表现为对这些总问题的否定和批判。而为了创造新的哲学，马克思必须进行长期的理论思考和理论创造，才能产生、形成和确立一整套适用于他的革命理论术语和概念，因此，还有一个"理论成长时期的著作"，最后才能达到"成熟期"。

这样一来，阿尔都塞针对马克思的著作得出了以下分期法：

1840~1844 年：青年时期著作，包括博士论文、《黑格尔法哲学批判》《〈黑格尔法哲学批判〉导言》《1844 年经济学—哲学手稿》《神圣家族》等。其中，又可以划分为两个小的阶段：其一，为《莱茵报》撰文的理性自由主义的阶段；其二，1842~1844 年间的理性共产主义阶段。

1845 年：断裂时的著作，包括《关于费尔巴哈的提纲》和

《德意志意识形态》。在这两篇著作里，第一次出现了马克思的新的"总问题"，但这个"总问题"尚未完全确立，还部分地以否定的形式、激烈的论战和批判的形式出现。在这里，马克思针对德意志的意识形态进行了彻底批判，似乎暗示了一种断裂，此后，马克思将针对现实提出不同于意识形态的问题，并以不同方式确定研究对象。

1845～1857 年：成长时期的著作，包括《共产党宣言》《哲学的贫困》《工资、价格和利润》等，这是 1845 年后和撰写《资本论》初稿前的一段时期。为了适应新问题领域，马克思在《1857～1858 年经济学手稿》中煞费苦心，创新一批新概念，诸如生产力、生产方式、生产关系等，这表明马克思同一切哲学人道主义的决裂。

1857～1883 年：成熟时期的著作，《资本论》是最能代表马克思的新哲学和新科学的著作。作为唯物史观，它同一切浪漫空想决裂，将人视为社会关系的总和。它超越李嘉图和斯密，认为生产力与生产关系的矛盾是社会发展之根本动力。作为政治理论，它断定无产阶级终将夺取国家政权，共产主义最终会实现。阿尔都塞将这称为"历史科学"，它是继古希腊人发明的数学和伽利略奠定的物理学之后人类认识史上的"第三块科学大陆"。

青年马克思问题

随着马克思《1844 年经济学—哲学手稿》的出版，研究"青年马克思问题"成为理论界和评论界的大事，围绕此论题，展开了多场哲学和政治辩论。按照阿尔都塞的理解，马克思的这部未完成的手稿之所以风靡一时，开始是由于社会民主党人的捧场，接着是由于唯灵论、存在主义和现象学对马克思哲学的"改造"，使得这部书稿按照诠释者的意愿呈现出一种"人道主义"的色彩。人们从《1844年经济学—哲学手稿》出发，认为可以从伦理学、人本学乃至于宗教的观点来解释马克思的思想，并对手稿中出现的异化、人道主义、人的社会本质等概念大加赞赏，认为这些概念才真正代表马克思的思想。这样一来，就导致一个理论问题：如何看待马克思青年时期的作品与其成熟时期作品的关系？于是，新一轮的论战接踵而来。在这场辩论中，从策略方面考虑，马克思主义者似乎只有两个办法来迎接挑战：或者承认青年马克思不是真正的马克思，或者断言青年马克思就是马克思。前者必然导致把青年马克思和成熟马克思相对立，而后者为了捍卫马克思的完整性，必然宣称马克思是一个整体，似乎把马克思青年时期的著作交给历史作彻底的批判就会失去整个马克思。总之，阿尔都塞对这场辩论进行了这样的总结：这场辩论的起因是青年马克思，辩论的结果关系到马克思主义的生死存亡，辩论的题目则是青年马克思是否已经可以代表马克思的全部。

为了对这场辩论进行理论上的总结，阿尔都塞对参与辩论的理论家们的思想方式进行了系统分析，指出隐藏在他们观点中并悄悄起作用的三个理论前提。第一个前提是分析性前提：根据这个前提，任何理论体系和任何思想结构都能够还原为各自的组成部分；在这个条件下，人们就可以对理论体系中的某一个成分单独进行研究，也可以把它与属于另一个体系的另一个类似的成分相比较。第二个前提是目的论前提：这个前提建立了一个历史的秘密法庭，对交给它审理的观念作出判决，它甚至还可以把其他体系分解为组成部分，确认它们作为成分的资格，然后根据自己的真理性标准去衡量它们。第三个前提是前两个前提的基础，它把观念的历史看作自己的组成部分，它认为，历史上发生的一切归根到底无不是观念历史的产物，观念世界本身就是观念自己的认识原则。阿尔都塞把带有以上三个特色的理论称为"理论目的论"或"观念的自我认识",认为如果不同这种分析的目的论一刀两断,就不能对青年马克思的著作进行马克思主义的研究。

为了能够以科学的方式对马克思的著作进行研究,阿尔都塞提出了如下原则:第一,每种思想都是一个真实的整体,这一整体是由自己的"理论总问题"从内部统一起来。第二,每个独特的思想整体的意义并不取决于该思想同某个外界真理的关系,而是取决于该思想同它由以反映的社会问题和社会结构的关系。也就是说,每个独特思想整体的发展,其意义不取决于这一发展同被当作其真理的起点或终点的关系,而取决于在这一发展过程中该思想的变化同整个意识形态环境的变化以及同构成意识形态环境基础的社会问题和社会关系的变化的关系。第三,推动独特思想发展的主要动力不在该思想的内部,而在它的外部,即作为具体个人出现的思想家同其身处的历史之间错综复杂的联系。

根据上述原则,阿尔都塞认为,《手稿》是马克思思想演进过程中一个最为奇异的插曲,它是在青年马克思最后转变成为真正的马克思的时候,在他实行既是最后一个又是第一个彻底转变的时候,他的既是胜利又是失败的思想。从理论上讲,可以把《1844年经济学—哲学手稿》比作黎明前的黑暗,这一著作恰恰是离即将升起的太阳最远的著作。与早先的著作相比较,《手稿》的真正新意在于,它是马克思接触了政治经济学的结果。从这部著作中,我们可以看到后来在《资本论》中所看到的所有范畴:私有制、资本、货币、分工、劳动者的异化、劳动者的解放等等。但是,这里所蕴含的哲学却依然是马克思后来予以彻底否定的那种意义上的哲学,它基本上还是延续了黑格尔/费尔巴哈式的人本主义的理论结构,尽管马克思在这里对黑格尔的辩证法和费尔巴哈的唯物主义进行了天才的折中。

马克思主义和人道主义

1956 年，在苏共召开的"二十大"上，赫鲁晓夫抛出"秘密报告"，发起"非斯大林化运动"。在赫鲁晓夫长达四小时的题为《关于个人迷信及其后果》的"秘密报告"中，主要批判了斯大林的七大错误：

1. 个人迷信。斯大林利用《斯大林传略》和《联共（布）党史简明教程》大肆颂扬个人功绩，利用颁发"斯大林奖"，树立"斯大林纪念碑"以及用自己名字命名企业和城市来助长个人迷信。2. 破坏法治，发动大清洗。揭露"大清洗"实际上首先从镇压党内反对派开始，利用"人民公敌"的罪名，将思想斗争转变成对反对派肉体上的消灭。3. 在卫国战争中的错误。赫鲁晓夫批判斯大林盲目自大，不相信诸多德军即将进攻苏联的情报，再加上"大清洗"残害了很多优秀的苏军将领，以至于在战争初期遭受惨败。他指责斯大林"按照地球仪制订作战计划"，造成哈尔科夫战役折损几十万士兵。4. 在民族问题上的错误。在卫国战争初期，斯大林强行将车臣、卡尔梅克等几个民族集体迁徙到远方，同时取消了这些民族的自治共和国，这种野蛮非人道的做法造成了严重的民族对立。5. 在和南斯拉夫关系上的错误。战后苏、南两国发生了严重的纠纷并且关系完全破裂，赫鲁晓夫指责斯大林在这方面扮演了"可耻的角色"。6. 在经济政策方面的错误。赫鲁晓夫批判斯大林完全不了解农村情况，几十年不访问农村。"只是从电影上看农村和农业"，他的一系列错误政策导致了苏联的农业落后。7. 实行个人独裁。赫鲁晓夫批判斯大林没有按照党章规定按时召开党代表大会，一切均按照自己的意志进行独裁统治。

苏共"二十大"的召开是苏联自斯大林时代之后的头等大事，震惊了世界，也造成了极其重要的影响和后果。1961年10月召开的苏共"二十二大"更是通过新党纲，明确提出"一切为了人，一切为了人的幸福"的口号，不仅在政治上，而且在意识形态上都引起剧烈反响。共产主义的知识分子普遍把这当作一种"解放"来经历，认为这种"解放"产生了一种具有深远意义的意识形态反应，即"自由"和"伦理"倾向，它自发地重新发现了"自由""人""异化"等旧有的哲学论题，并把这些哲学论题看作马克思主义哲学的核心。为了寻求文本依据，人们纷纷转向青年马克思的著作，试图从中找到关于人、人的异化及解放的哲学依据。因此，可以把苏共的"二十大"看作是"人道主义的马克思主义"兴起的直接政治动因。

在法国，苏共"二十大"也不可避免地引发了剧烈的思想动荡，"马克思主义的人道主义"的思潮随之把自己的影响加诸于当代的马克思主义哲学，并造成声势浩大的"人道主义的复活"：1935年列斐伏尔以法文翻译马克思的《1844年经济学—哲学手稿》；1955年，梅洛-庞蒂发表《辩证法的历险》，宣扬以异化论为基调的人本主义的马克思主义；1961年，萨特开始撰写《辩证理性批判》，主张存在主义与马克思主义的合流。针对上述思想倾向，阿尔都塞并没有随波逐流，相反，他认为，共产主义运动在理论方面的决定性任务应该是反对时刻威胁着马克思主义理论的资产阶级和小资产阶级的世界观，而这种世界观的一般形式便是人道主义。

在《马克思主义和人道主义》一文的开篇，阿尔都塞开宗明义地对社会主义的"人道主义"以及苏联提出的"一切为了人"的口号进行分析。阿尔都塞指出，历来革命斗争的目的都是为了结束剥削和实现人的解放。但是，正如马克思所预见的、革命斗争在其第一个历史阶段，不得不采取阶级斗争的形式，那时候，革命人道主义只能是"阶级人道主义"。然而，随着无产阶级专政的结束，苏联进入了第二个历史阶段，无产阶级完成了自己的职能，国家不再是阶级的国家，而是全体公民的国家，阶级人道主义的提法也为"社会主义的人道主义"所取代。这种"社会主义的人道主义"似乎实现了人类几千年来的梦想，即人的统治在人的身上并在人与人的关系中最终实现。然而，行文至此，阿尔都塞却突然话锋一转，指出"社会主义的人道主义"这个语汇恰恰包含着一种突出的理论不平衡性：在马克思的思想中，"社会主义"是个科学概念，而"人道主义"则仅仅是个意识形态的概念。

阿尔都塞认为，马克思虽然否认人道主义是科学理论，否认它的认知功能，但马克思并没有否定人道主义作为一种意识形态的历史存在的必要性。恰恰相反，阿尔都塞认为，只有承认意识形态并肯定其存在的必要性，才能对意识形态施加影响，并把意识形态有目的、有意识地改造成为人类改造社会、创造历史的有力工具。在阶级社会里，占统治地位的意识形态是统治阶级的意识形态，但统治阶级并不同占统治地位的意识形态保持一种功利性的或纯粹策略性的外在关系，事实上，意识形态与统治的合法性密切相关，它是统治阶级根据自己的利益调整人类社会政治和经济关系所必需的"黏合剂"。具体地，对于"社会主义的人道主义"这一口号，阿尔都塞认为，如果把它视为对人的一切歧视的拒绝，视为对一切经济剥削和政治奴役的拒绝，视为对战争的拒绝，对恐怖、镇压和教条主义的反抗，这一口号无疑具有合理性，是社会主义同帝国主义争论和斗争的组成部分。但是，如果把"人道主义"这个意识形态概念不分场合和毫无保留地作为一个理论概念去使用，却可能是危险的，因为"人道主义"这个概念很容易同小资产阶级的思想命题混淆起来，从而造成思想上的混乱。总之，阿尔都塞认为，马克思主义对人道主义的政治立场——它可以在伦理和政治领域内对当代意识形态或者拒绝，或者批判，或者使用，或者支持，或者发展，或者恢复——只能建立在马克思主义的哲学基础上，而否认人道主义是理论又是马克思主义哲学的前提；离开这个绝对条件，马克思主义的意识形态政策就讲不通。

矛盾与多元决定

"在黑格尔那里，辩证法是倒立着的。必须把它倒过来，以便发现神秘外壳中的合理内核。"以马克思的这段话为导引，阿尔都塞提出了马克思的辩证法与黑格尔的辩证法的关系问题，并进一步阐述自己关于矛盾与辩证法的观点。一般认为，当马克思说必须"在神秘外壳中发现合理内核"时，"合理内核"指的是辩证法，"神秘外壳"则是指思辨哲学。但是，阿尔都塞却独树一帜地指出，所谓的"神秘外壳"根本不是思辨哲学、"世界观"或"体系"，不是一种可被认为同方法相脱离的成分，究其实质它本身就属于辩证法。他认为，马克思的这个关于"把辩证法颠倒过来"的比喻是个不确切的比喻，它所提出的问题并不是要用相同的方法去研究不同对象的性质（比如，黑格尔的研究对象是观念世界，马克思的研究对象是真实世界），而是从辩证法本身去研究辩证法的性质，即辩证法的特殊结构，这不是对辩证法"含义"的颠倒，而是对辩证法结构的改造。在这个对辩证法结构改造的过程中，阿尔都塞认为，最重要的就是对"矛盾"这一概念的改造。

在黑格尔的哲学中，"矛盾"概念既是抽象的，又是简单的。因为在黑格尔那里，构成任何历史时期本质的内在本原是简单的，它无非是这一世界的自我意识的最为抽象的形式，所有构成某个历史世界具体生活的因素（经济制度、社会制度、政治制度、法律制度、习俗、道德、艺术、宗教、哲学乃至战争、战役等）都可以被归结为一个统一的内在本原。以罗马为例，它的宏伟历史、制度、危机和事业都被黑格尔归结为抽象的内在本原，正是在这一简单的本原中，出现了它自身的矛盾，即禁欲主义，这对矛盾的对抗性发展促使罗马四分五裂，最终被中世纪的基督教世界所取代。毫无疑问，这种逻辑简单的本原矛盾观把无限丰富的历史内容大大删减，矛盾的任务只是魔术般地推动历史世界的具体内容去达到意识形态的目的。

阿尔都塞指出，马克思的历史唯物主义与黑格尔用意识的辩证法来说明各民族的物质生活和具体历史恰恰相反，马克思用人的物质生活来解释人的历史，认为人的意识和意识形态无非是人的物质生活的表象。这样一来，在黑格尔那里简单抽象的矛盾便被置于具体的历史情境之中，这意味着，真实的矛盾总是同具体的现实环境紧密结合在一起，真实矛盾只有通过环境并在环境之中才是可被辨认和捉摸得到的。阿尔都塞认为，马克思彻底"取消"而不是"颠倒"了黑格尔辩证法简单而统一的原始前提。在黑格尔那里，原始统一体在把自己撕裂成为两个对立面的同时实现了自己的异化，使自己成为既是自身又是他物，所以这两个对立面具有这样一种两重性：既相互对立、相互对抗，又相互渴望、相互吸引，希望回归到原始的统一状态之中。由于每个对立面都是对方的自在形式，它也就不知不觉地成为对方的抽象，直到恢复原有的统一性为止。这其实是一种哲学（意识形态）企图与"根源"吻合一致的狂妄要求。阿尔都塞认为，马克思主义彻底否定了所谓原始哲学的这个意识形态神话，它把承认一切具体对象具有复杂结构的既定现实性上升为哲学原则，因此，不论认识的根源可以向上追溯得如何遥远，我们所找到的也不再是原始的本质，而始终是一种现实性。历史唯物主义所面对的，不再是任何简单的统一体，而是各种具有复杂结构的多元统一体。

不仅如此，对于一个事件来说，它不仅仅是由诸矛盾单纯的重叠构成的，相反，在事件内部，各种不同的、相互异质的决定因素也相互融合、压缩、制约，构成一个复杂的整体。这一复杂的整体不能被还原为单一的要素，因为它不是各种矛盾平行并存的多元体，其中，各种矛盾要素的层次和水平并不是同质的。虽然具有最终的决定性层次，但它对于矛盾的发展所起的作用也只是间接的，矛盾的发展要受其所处的具体环境和矛盾的内部斗争所决定。在这里，阿尔都塞借鉴毛泽东的理论，强调要重视对三个概念的考察：第一个是关于主要矛盾与次要矛盾的区别；第二个是关于矛盾的主要方面和次要方面的区别；第三个是关于矛盾的不平衡发展。阿尔都塞认为，马克思主义矛盾辩证观的特殊性在于它承认矛盾发展的"不平衡性"或"多元决定性"，这种"不平衡性"本身是矛盾现实发展的反映。根据这种理解，矛盾是一切发展的动力。建立在矛盾多元决定基础上的斗争，由于它们在矛盾发展中所占的地位，规定了矛盾发展的阶段性和主要特征（非对抗阶段、对抗阶段和爆炸阶段），这些阶段构成了事态发展的现实情境。

理论实践的概念

"实践"概念是马克思主义理论中最为重要的理论范畴，几乎所有自称马克思主义的理论研究者都言必称"实践"。阿尔都塞对用"实践"进行文字游戏的虚假的马克思主义者深恶痛绝。阿尔都塞对人们通常所说的实践就是试金石，实践就是科学实验的实践，实践就是经济的、政治的、技术的实践，就是具体的实践，或者其他更具有马克思主义色彩的用语，如"社会实践"等说法感到不满。他认为这类"实践主义"的回答就像所谓的"吃布丁就是对布丁的证明"这类回答一样，并不能解除理论问题的"饥饿"，因为它没有说明任何具体的实质内容。为了消除这种理论上的贫乏与空泛，阿尔都塞提出了"理论实践"的概念。

为了透彻理解这一概念，有必要先对以下几个基本概念进行界定：

实践。 阿尔都塞认为，实践指的是任何通过一定的人力劳动，使用一定的"生产"资料，把一定的"原料"加工为一定产品的过程。在任何这类实践中，过程的决定性要素既不是原料，又不是产品，而是狭义的实践：是人、生产资料和使用生产资料的技术在一个特殊结构中发挥作用的加工阶段。

社会实践。 社会存在的一切层次都是不同的实践领域：生产实践、政治实践、意识形态实践和理论实践。生产实践，指人在一定生产关系范围内，通过有计划地使用一定的生产资料，把一定的实物加工成为日常用品的那种实践。政治实践，是指把一定的社会关系作为原料加工成一定的产品即新的社会关系的实践。意识形态实践，指把社会的各种精神现象，不论宗教、政治、伦理、法律或艺术都作为加工的对象，形成各种体系化或非体系化的解释系统。理论实践，则是指以表象、概念或事实为原料，将意识形态不断加工成为科学的实践。

在所有这些定义中，阿尔都塞最为重视"理论实践"这一概念。从起源上，在最原始的社会维持生存的实践中，认识的要素就已经存在，虽然这种要素是以极其粗糙的形式出现并且打着意识形态的深深印记。而从实践史的另一端来考察，被人们共同称之为理论的东西，在其最"纯粹的"形式即表现为仅仅推动思维力（例如数学和哲学）的角度看，它又与"具体的实践"没有任何直接的联系，是一种严格意义上的实践，即科学和理论的实践。这种实践之所以是理论的，在于它一旦获得真正的确立和发展，就不需要通过外部实践来证明它所产生的认识是否正确。也就是说，理论实践的标准内在于其自身。

在十年以后，也就是在亚眠的庇卡第大学申请国家博士学位的答辩会上，阿尔都塞回顾了他提出"理论实践"这一概念的初衷。他认为，尽管在许多人眼里，这个概念的提法令人难以接受，但是，必须用一种论战的视点看待这一概念。这一概念表明了这样一种理论立场，这一立场与一切形式的实用主义相对立，它的作用是证明关于理论的相对自主性，从而证明马克思主义理论有权不被看作是政治的奴婢，有权既不背叛自己的需要，又能联合政治的和其他的实践一起求得发展。所谓理论实践的检验标准的内在性，就是指马克思的学说不是因为它能够被它的成败所检验，所以它才正确，而是因为它正确，所以它才能被它的成败所检验。这就像数学和物理学一样，这些理论学科的科学性不需要把它们的结果作现实的应用以证明其真理性，因为它们的论证和证明都是内在于这门科学本身的。

第 5 章

阿尔都塞的方法

阅读《资本论》

1965 年的春季学期，阿尔都塞与年轻的哲学家们巴里巴尔、朗西埃尔、马修莱和埃斯塔布莱等一起组成了《资本论》读书会，对马克思的《资本论》进行了细致的研读和讨论。他们不仅逐字逐句地阅读《资本论》，逐行逐行地阅读全书四卷，而且反复多次地阅读重要章节，对马克思的关键性概念比较集中的段落还查阅了德文原著。这是一个富有成果的读书会，为了把在阅读过程中遇到的艰难曲折和得到的收获都奉献给读者，同年 11 月，这个读书会的研读记录被整理成书并由马斯佩罗出版社出版，书名就是《读〈资本论〉》。

与《保卫马克思》的论战风格有所不同，《读〈资本论〉》主要是从方法论的角度阐述马克思的理论及其结构和特点。之所以把研究的重点放在《资本论》上，是因为在阿尔都塞看来，《资本论》是集中体现马克思成熟时期哲学思想的著作。在此之前，《德意志意识形态》这一哲学断裂的记录并没有提供这种哲学自身，而《关于费尔巴哈的提纲》虽然像耀眼的闪电划破哲学人类学的夜空，在一瞬间使人们意识到一种新哲学的诞生，但它过于简短，只能是新哲学来临的前奏，却无法成为这部辉煌的乐章本身。而《反杜林论》作为论战性文本只能在对方的领域进行斗争，在这一批判中，恩格斯必须跟着杜林的脚步在哲学意识形态领域内对马克思主义的基本原则进行阐述，因此，它也不能代表马克思独立的哲学思想。只有《资本论》，是人们可以读到马克思真正哲学的地方，马克思的哲学完全凝聚在这部马克思费尽毕生心血写作而成的巨著中。

然而问题在于，《资本论》本身并不是一部纯粹的哲学著作，马克思的哲学在《资本论》中存在着，但它只是以实践状态存在着，马克思并没有给人们留下以理论状态出现的哲学。这样，对《资本论》的哲学阅读就要求把马克思本人的哲学应用于对马克思自己著作的阅读中，也就是说，马克思主义哲学的发展要求深入阅读《资本论》。这是一个循环，体现了哲学阅读与经济学阅读和历史学阅读的巨大不同。正如阿尔都塞所指出的：对《资本论》的哲学阅读只有在应用我们正在寻找的对象本身即马克思的哲学的情况下才有可能。这个循环只有通过马克思主义的著作中所包含的马克思的哲学才有可能在认识论上完成。因此，这里涉及的是本来意义上的生产。生产这个词表面上意味着把隐藏的东西表现出来，而实际上意味着改变在某种意义上说已经存在的东西，以便赋予已经存在的基本材料以某种符合目的的对象形式。这种生产在其双重意义上使生产过程具有循环的形式。简短地说，阿尔都塞在这里提出了一个新的认识论问题，即如何看待"哲学的阅读"这一问题。他将"哲学的阅读"与"普通的阅读"进行区分，并对这种阅读的主要特点——阅读的循环进行了解析，指出这种阅读实质上要求一种阅读方法的革命，阿尔都塞称之为"症候阅读法"。

新的阅读观

在《读〈资本论〉》的第一篇论文《从〈资本论〉到马克思的哲学》中，阿尔都塞以怎样"阅读"马克思的《资本论》为中心线索，阐述了一种新的阅读观，并由此对马克思的哲学贡献进行了总结和概括。

阅读，作为一种最简单的人类行为方式，似乎是一件不言而喻、不证自明的事情。但是，阿尔都塞却指出，人们只有在作出最富戏剧性的艰苦尝试之后，才能发现最简单的行为如看、听、说、读的含义，而这种发现是通过马克思、尼采和弗洛伊德才得以完成的。通过弗洛伊德，人们开始对听、说以及沉默的含义产生怀疑，因为在这种听、说的简单含义背后，是无意识的语言在起支配作用。真正决定性的力量，并不是已经说出的东西，而是没有说出但却在无形之中决定人的思想意识的潜意识的结构。而通过马克思或至少是从马克思开始，人们才对读和写的含义产生怀疑。

阿尔都塞认为，在马克思的文本中，我们可以发现两种完全不同的阅读原则——"外在阅读"与"症候阅读"。

在第一种阅读中，马克思通过他自己的论述来阅读前人的著作。这是一种"外在阅读法"，通过这种方法，马克思以自己的尺度为标准来阅读魁奈、斯密、李嘉图等人的著作，其态度极为明确：正确的论述引以为据，错误的论述则加以批判。总之，这样做是为了把自己放在著名的政治经济学大师中间，同他们进行对照比较。于是，这种阅读就变成了一致性和不一致性的记录，而认识借以完成的概念体系的任何缺陷都被归为"看"的心理学上的缺陷。用这种阅读方法，一切都变成了视觉关系。由于"看"的缺陷，斯密不能"看"到的东西，马克思"看"到了，马克思变成了"具有更加敏锐视觉的斯密"，而马克思借以思考他在理论上始终与斯密不同的那种历史距离和理论距离也就消失了。

还存在第二种完全不同的阅读方法——"症候阅读"。在这种阅读中，阅读不再是一个直观的"看"的过程，含义与文本也不再是镜像的关系，好像一打开书，意义就一目了然地显示出来。事实上，这种阅读观更加强调对文本思想的内在追踪，通过阅读，使文本的空白以及内在矛盾自然地呈现出来，从而产生新的理论视域和问题结构。

比如，古典经济学在回答"什么是劳动的价值"这一问题时，其定义是："劳动的价值等于维持和再生产劳动所必需的生活资料的价值。"如果用第一种阅读方法即"外在阅读法"，斯密和李嘉图关于这一问题的答案可以说是圆满的，但马克思却能够冲破惯常的阅读习惯和思维方式，从看似圆满的答案背后看到其中所包含的沉默与空白。马克思认为，通过对斯密和李嘉图关于"什么是劳动的价值"这个问题的思考，我们会发现他们的回答在实质上并没有任何意义。什么是维持"劳动"？什么是"劳动"的再生产？这些问题在这里都没有解释清楚，看似明晰的定义实际上却是充满疑问的。就这样，马克思在原本充实且具有连续性的文本中发现了空白和断裂——"劳动（……）的价值等于维持和再生产劳动（……）所必需的生活资料的价值"，在这里，在"劳动"后面出现了两个空白，而在填充这两个空白的过程中，马克思提出了与古典经济学完全不同的概念："劳动（力）的价值等于维持和再生产劳动（力）所必需的生活资料的价值。"这样，马克思就在古典经济学的理论"总问题"之外提出了新的"总问题"——"什么是劳动力的价值？"这是一个全新的理论问题，完全超出了古典政治经济学的理论视域，在这里，马克思的这种分析得出的结果不是解决了斯密和李嘉图在其理论出发点上所提出的问题，而是完全改变了古典政治经济学的理论用语，开辟了一个完全不同的理论领域。

与第一种阅读相比较，在第二种阅读中，马克思不是从外部干预，给古典著作附上一种语言，使古典著作的沉默得到揭示，相反，正是古典著作本身告诉了我们它所沉默的东西。在这里，古典著作所沉默不语的东西并不是它看不见的东西，它之所以保持沉默，是因为它旧有的"总问题"规定了它的"视野"，这个"视野"决定了有些问题必然作为一种"非对象"而存在于理论的暗角之中。单纯的字面上的阅读在论证中只能看到论述的连续性，只有采用"症候阅读法"才能使这些空白显示出来，才能从文字表述中辨别出沉默的表述。这种沉默的表述，由于突然出现在文字叙述中，因而使文字叙述出现了空白。这表明，在著作中，可见与不可见是有机地联系在一起的，而所谓的"症候阅读"就是对这种联系进行理论反思。通过"症候阅读法"，原本被作为"非对象"的东西被发现，人们就文本的"空白"提出质疑，那些被原有的问题结构所禁止、所压抑和所掩盖的东西重新出现在理论视域之中，于是，旧有的理论结构发生变化，一个新的理论视域由此生成。

何谓"症候"

阿尔都塞所提出的有关"症候阅读法"的理论无疑是一个具有高度原创性的思想成果。事实上，这一理论的提出是多元学科相互交叉碰撞所得出的成果，因为，"症候"原本是个医学名词，阿尔都塞从精神分析学中借用了这一术语，创造了别具一格的阅读理论。

在20世纪，由弗洛伊德创立并由拉康发扬光大的精神分析学在人文科学的各个领域都产生了深刻的影响。尤其是对于法国哲学而言，从存在主义到结构主义，直到后结构主义，都可以看到精神分析学的元素。事实上，阿尔都塞本人就与大名鼎鼎的精神分析学大师拉康交往密切，在他的帮助下，拉康得以在高等师范学校开设读书会。同时，阿尔都塞还在《哲学教育杂志》上发表论文，赞扬拉康的理论。可以确定，"症候阅读法"的提出与阿尔都塞本人关于精神分析学的研究有着直接的关联。

精神分析学的研究对象是人的"无意识"。在弗洛伊德看来，人的"无意识"是文明压抑的结果，作为一个个体，如果想适应文明的生活，就必须压抑自身的真实情感和欲望，但这些情感和欲望并没有彻底消失，而是作为人的"无意识"（或作"潜意识"）被埋藏起来，偶尔会通过某些"症候"表现出来。比如，弗洛伊德曾经有一个女病人，患有心理焦虑症。她对弗洛伊德讲述自己的经历时，提到一位男士，穿着一双非常漂亮的棕色"低帮鞋"（Halbschuhe）。这表面上看似一个无关紧要的细节，但是弗洛伊德却从这一细节中觉察到女病人似乎有意在隐瞒着什么事情。因为，人们习惯称男士的这种鞋为"便鞋"（Hausschuhe），而不称其为"低帮鞋"（Halbschuhe）。于是，弗洛伊德便追根究底地问女病人是在什么地方看到这位男士的。女病人只得承认，那位男士在她的房门前按门铃，女士通过门下面的隐蔽口看到了这位男士的"低帮鞋"，但她并没有给他开门，因为她当时正在与情人幽会，是半裸的。在这里，女士之所以把男鞋称为"低帮鞋"而不是"便鞋"，是因为她在潜意识里知道自己是半裸的，而这里的半（"Halb"）正好与"低帮鞋"（Halbschuhe）拥有同一词根。所以，弗洛伊德正是从精神病人的种种"掩盖"和"沉默"之中发现了被人们的正常生活所压抑的情感和欲望，从而展开他的心理治疗。弗洛伊德认为，精神分析的工作就是要为每一个无聊的观念和每一个无用的动作求出其所以产生的根源，推断出其原始的情境，从而为精神的治疗打开缺口。抓住病人的各种"症候"不放，从中找出其关联的病根，正是这位精神分析学大师的贡献所在。

借鉴精神分析学的理论，阿尔都塞认为，所谓的"无罪的阅读"是不存在的。在文本中，并不仅仅只有一种公开的声音在说话，事实上，潜在的问题结构常常制约着言语的内容和视域。这样，文本就在实际上分成了两个部分：字面上所表达的思想内容和字里行间所蕴藏的理论结构。我们通过语言学的分析可以理解字面上的表层含义，但对潜在的问题结构的理解则需要根据文本表现出来的"症候"——空白、疏忽、沉默、失语、笔误等进行推断。一般来说，由概念组织起来的言说和主题，在概念的旁边会留有空隙和断裂，我们可以把这些空隙和断裂看作思维的"痕迹"，它指示着潜在的思想逻辑和理论总问题。因此，要理解一本著作的精神实质，绝不能简单满足于字面上的比较对照，而是要把原文当作一个有机整体，深入分析各组成部分之间的结构关系，从字里行间去把握它的内在联系，并且要特别注意文本中看似无意出现的疏漏和缺失，从而使潜在的结构显现出来。这样，阅读就如同精神分析师给病人看病一样，成为一种"理论的侦察"：要看见那些看不见的东西，要看见那些"失察的东西"，要在充斥着的话语论说中辨认出缺失的东西，在充满文字的文本中发现空白的地方，这就需要某种完全不同于直接注视的方式，正是借助这种"症候阅读法"，才使得马克思突破了古典经济学的理论框架，从而引发出全新的理论总问题。

第6章

"结构主义" 与阿尔都塞

"结构主义" 思潮的兴起

　　结构主义不是一个统一的哲学派别，而是由结构主义方法联系起来的一种广泛的革新传统人文学术的哲学思潮。它起源于瑞士语言学家索绪尔的结构主义语言学，经由俄国形式主义和捷克的"布拉格学派"，最后在法国获得了非凡的胜利。从时间上，结构主义思潮肇始于20世纪初期，在20世纪60年代达到顶峰。在这一思潮发端之初，一些学者对现代文化分工太细，只求局部、不讲整体的"原子论"倾向感到不满，提出了"体系论"和"结构论"的思想。奥地利哲学家路德维希·维特根斯坦在《逻辑哲学论》中初步表达了结构主义的基本构想。维特根斯坦认为，世界是由许多"状态"构成的总体，每一个"状态"都是一条由众多事物所组成的"集合"，这些事物处于各种各样的复杂关系之中，这些关系构成事物"状态"的结构，形成我们所研究的对象。维特根斯坦的这一观念是一种最初的结构主义思想的雏形，它首先被运用到了语言学的研究上。

瑞士的索绪尔是将结构主义思想运用到语言学研究的第一人。索绪尔把语言看作是一个符号系统，认为产生意义的不是符号本身，而是符号的组合关系，其中每项要素的价值都只能是因为有其他各项要素同时存在才能凸显出来。比如，在对色彩的认知中，单纯的一个红色并没有任何意义，它只能在同其他色彩（蓝、绿、紫、黄、橙等）的比较和差异中才能被认知。基于此种观念，索绪尔强调，对语言学的研究也应当从整体性、系统性的观点出发，而不应当离开特定的符号系统去研究孤立的词。索绪尔把语言学视为研究符号组合规律的学问，并把意义与声音的关系作为语言学研究的对象，确立了结构主义语言学的主要理论原则。索绪尔的理论在他死后由他的学生整理出来以《普通语言学》的书名出版，对结构主义思潮产生了深远的影响，索绪尔也因此被人们敬称为"结构主义之父"。

1945 年，法国人克劳德·列维·斯特劳斯发表了《语言学的结构分析与人类学》，第一次将结构主义语言学方面的研究成果运用到人类学上。对于列维·斯特劳斯来说，人类学研究的真正目的是从神话研究中找到对所有人类心灵普遍有效的逻辑或思维原则。他根据索绪尔提出的言语/语言（前者指具体的话语情境，后者指具体言说下面的深层结构）的划分提出一个著名论点：每一个具体神话的各自单独的叙述，即神话言语，都是从神话的语言的基本结构中脱胎而出并从属于这个基本结构。斯特劳斯这一论点成为结构主义叙事学的一个基本原则，并为结构主义研究方法的建立奠定了基础。他随后发表的一系列研究成果引起了其他学科对结构主义的高度重视，到了20 世纪 60 年代，许多重要学科都与结构主义发生了关系，一个如火如荼的结构主义时代到来了。

从上面可以看出，结构主义不是一种单纯的传统意义上的哲学学说，而是一种人文科学和社会科学工作者在各自的专业领域里共同应用的一种研究方法，其目的就在于使人文科学和社会科学也能像自然科学一样达到精确化、科学化的水平。

总体说来，结构主义的方法有两个基本特征：

首先，是对整体性的强调。结构主义认为，整体对于部分来说是具有逻辑上的优先性和重要性。因为，任何事物都是一个复杂的统一整体，其中任何一个组成部分的性质都不可能孤立地被理解，只能将其放在一个整体的关系网络中，即把它与其他部分联系起来并相互比照才能理解其意义。结构主义方法的本质和首要原则在于，它力图研究联结和结合诸要素的关系的复杂网络，而不是研究一个整体的诸要素。

结构主义方法的另一个基本特征是对共时性的强调。强调共时性的研究方法，是索绪尔对语言学研究的一个有意义的贡献。索绪尔指出："共时'现象'和历时'现象'毫无共同之处：一个是同时段各要素间的关系系统，一个是一个要素在时间上代替另一个要素的交替性进程，二者并无交集。"索绪尔认为，既然语言是一个符号系统，系统内部各要素之间的关系是相互联系、同时并存的，因此，作为符号系统的语言就是共时性的。至于一种语言的历史发展，可以将其看作是在一个相互作用的系统内部诸成分的序列。索绪尔还提出一种与共时性的语言系统相适应的共时性研究方法，即对系统内同时存在的各成分之间的关系，特别是它们同整个系统的关系进行研究的方法。

在结构主义的理论风潮中，阿尔都塞借鉴结构主义的理论和术语，重新对马克思主义理论进行了系统阐释，提出"多元决定""社会总体""无主体过程""结构因果性"等概念，一度被誉为"结构主义的马克思主义的创始人"。从主观意图看，阿尔都塞打出结构主义的旗号，锋芒所指向的是人道主义与教条主义，他意欲借助结构主义强化马克思主义的科学性，大胆发起一场马克思保卫战，对抗资产阶级意识形态。但是，对于"结构主义的马克思主义"这样的称号，阿尔都塞自己还是持保留态度的。在《读〈资本论〉》一书的前言中，阿尔都塞这样写道："我们十分注意同'结构主义'的意识形态区别开来（我们极其明确地指出，马克思著作中的'结合'与'组合'毫不相干），我们断然地使用了同'结构主义'格格不入的范畴（最终决定、统摄、超决定、生产过程等），虽然如此，我们使用的术语同'结构主义'的术语在许多方面仍然十分相近，因此不可避免地造成了含混不清的情况。我们对马克思的解释，除极少数例外（某些敏锐的批判把我们的解释和结构主义的解释作了区分），普遍被目前流行的说法看作和判断为'结构主义'的解释。我们认为，我们的著作虽然在术语上有些含混不清，但是它的内在倾向性与'结构主义'的意识形态并没有联系。我们希望读者牢记并证实和接受这一论断。"

历史与结构

阿尔都塞认为，马克思主义经常被人们理解为是一种激进的历史主义，这其实是对马克思主义的一种误解。如果说，把马克思同古典经济学家区分开来的全部差别可以归结为经济范畴的历史性质，那么，马克思只要赋予这些范畴以历史性，即不再把它们看作是固定的、绝对的、永恒的，相反，把它们看作是相对的、暂时的、转瞬即逝的，因而最终隶属于它们存在的历史就行了。这样一来，正如人们说黑格尔是运动中的斯宾诺莎一样，人们也可以说马克思是运动中的李嘉图。但是，阿尔都塞指出，这种通俗的理解其实是一种概念的混淆。

在黑格尔那里，作为"历史时代"的概念是作为对存在的社会整体之本质的反映而提出的，这也就是说，历史时代的本质是像路标一样指示我们返回到这种社会整体的结构本身。从理论上看，黑格尔的这种历史和时间概念有两个基本特征：第一，时代的同质连续性。时代的同质连续性的实质其实是理念辩证发展的连续性的反映，从这个角度，历史科学的全部任务就在于按照与辩证整体的相继顺序相一致的历史分期来切割本质上具有连续性的客观对象。第二，时代的同时段性。如果说历史时代就是社会整体的存在，那么就必须说明这种存在的结构是什么。在黑格尔的理论模式中，整体的一切环节始终共同存在于同一时段，存在于同一现实存在之中。这样一来，黑格尔的社会整体的历史存在结构就可以进行所谓的"本质的切割"，在这种切割中，整体的一切环节都处于一种直接显示出它们的内在本质的直接关系中。这也就是说，黑格尔理论中的整体具有这样一种统一性，即整体的每个环节，不管是何种物质的或经济的规定、何种政治制度、何种宗教形式、何种艺术形式或哲学形式，都不过是概念在一定的历史环节上在自身中的现实存在，各个环节的共同存在以及它们在整体中的地位都以概念的预先存在为基础。

然而阿尔都塞认为，马克思所说的历史概论和社会结构却完全是一种决然不同的东西。在马克思那里，"社会的统一性"完全不同于黑格尔所说的"概念的统一性"，对于马克思而言，"社会的统一性"是一种现实的存在，而不是概念的抽象。这种统一性表现在它是由各种各样的复杂元素构成的整体，这一整体包含着人们所说的各种不同和"相对独立"的层次。这些层次按照各种特殊的、最终由经济层次决定的结构聚合而成，于是，整体的结构被表述为**分成层次的有机整体的结构**。每一种生产方式都有自己固有的、以生产力的发展为特殊标志的时代和历史，都有自己固有的特殊的生产关系的时代和历史，都有自己固有的政治和上层建筑的历史，都有自己固有的哲学和时代精神的历史。这些特有的历史都有自己的节拍，这些时代中的每一时代以及这些历史中的每一个历史的特殊性都是相对自主的，尽管它们的相对自主性和独立性是建立在整体的某种联系的基础之上的。因为，每一时代和每一个历史的独立性及其存在方式，都必然是由每一个层次在整体的全部联系中的存在方式所决定，所以，必须根据此原则来谈论经济史、政治史、宗教史、意识形态史、哲学史、艺术史和科学史。由此，我们面临的不再是平庸的、均质的连续性，而是无限复杂，随着每个不同的历史而呈现不同样貌的结构整体，它是一切关系同时存在而又互相依存的有机体。

具体而言，对于马克思研究资本主义社会，首先应该理解这一社会整体的结构，而不是时间的顺序。问题的关键不在于各种经济关系在不同社会形式相继更替的历史序列中占有什么地位，更不在于它们在观念上的次序如何，而是在于它们在现代资产阶级社会内部的结构中的地位和作用。真正的历史不能在只需要分阶段和切割的线性时代观及其意识形态中被阅读出来，相反，它具有自己固有的、极为复杂的暂时性。单凭运动、顺序和时间的逻辑公式不能说明一切关系同时存在而又相互依存的社会有机体。仅仅把古典政治经济学"历史化"的设想，必然会使人走入荒谬偏执的理论死胡同。所以，阿尔都塞认为，马克思《资本论》的理论对象就是资本主义社会的社会生产方式。在这里，构成这个社会生产方式的要素一方面是作为历史的结果而存在，另一方面又是作为现实起作用的社会机体而运行。资本主义是人类历史上最发达的和最复杂的生产组织形式，因此，那些表现这一生产组织形式的各种关系的范畴以及对于其自身结构的理解，同时也能使我们透视一切已经覆灭的社会形态的结构和生产关系。资产阶级凭借这些社会残片和因素建立起来，其中一部分是还未克服旧社会的遗物，继续在这里存留，另一部分是原来只是具有某种征兆的东西，逐渐发展到具有充分意义。所以，在这里需要提出和解决两方面的问题：其一是阐明历史借以把现实资本主义生产方式作为结果生产出来的机制；其二是分析生产方式的结构，研究使历史产生的结果作为社会构成要素而存在的机制，正是这一机制使资本主义的生产不是作为工具的堆砌和人的简单集合，而是作为一种有效率、有组织的社会生产形式而存在。

结构因果性

在提出了"分层的有机整体结构"的概念之后，阿尔都塞又提出了"结构因果性"的概念，用作结构分析的概念工具。那么，什么是"结构因果性"呢？阿尔都塞主要是从近代哲学发展史的角度对其展开论述。阿尔都塞认为，在近代思想史中，说明原因和结果关系的方式主要有两种类型：

第一种类型，是先原因后结果的"直接决定的因果性"。这种因果性是一种线性因果性，在从原因到结果线性推移的意义上，此种因果性也可以叫作"推移的因果性""线性因果性"。"直接决定的因果性"能够描写一个因素对于另一个因素的作用，但却不能描写整体对于局部的作用，根据这种因果性，整体只是组成它的各个部分的总和，它只能说明某一物体作用及于其他物体的效力，或者把整体还原为各部分之间的相互关系来操作，但不能设想整体对于部分的影响，因此是机械论所特有的思想特征。这种"推移的因果性"根源于笛卡儿，在马克思主义内部被第二国际的考茨基和第三国际的布哈林所推崇，它实质上是一种机械论因果性。

第二种类型，是思考部分和整体关系的"表现因果性"。这种因果性认为，整体是原因，部分是结果，它在考察整体对于各个局部的影响时，预先假定整体可以还原为一个内在的本质，而构成整体的各个部分（结果），直接透明地表现出整体的本质。这种"表现因果性"虽然考虑到整体对局部的影响，但却不能把整体看成是一个结构，而且必须预先假定整体具有某种性质，并且恰好是一个精神整体的本原，以便各个部分（现象、单子）从各种各样的位置和观点体现整体的本质。这样一来，整体便成为一个神秘的、唯心主义的整体，整个世界也不可避免地陷入"预定的和谐"之中。在近代哲学史上，这种"表现因果性"首先由莱布尼茨表述，随后在黑格尔的本质/现象论中得到了最为引人注目的发展。阿尔都塞认为，黑格尔的这种预成论的辩证法在"西方马克思主义"者（卢卡奇、科尔施）那里得到了淋漓尽致的发挥，极大地误导了人们对马克思主义哲学的理解。

总之，阿尔都塞对"线性因果性"和"表现因果性"都感到不满，对他来说，"线性因果性"对因果问题的解释是机械的、单向度的，而事实上，原因和结果是相互联系、相互转化，同时又相互作用的。从这个观点来看，"线性因果性"显然是把原因和结果凝固化、形而上学化了。而以黑格尔为代表的"表现因果性"把原因预先设定为精神性的整体，部分只是整体的表象和反映，无疑犯了唯心主义的错误。基于对上述"线性因果性"和"表现因果性"的批判，阿尔都塞提出了第三种因果观，即"结构因果性"。这种"结构因果性"的主要特征在于，它认为结构是一个内在于它们的要素和效果之中的原因，而不是一个外在于它们的"第一推动力"。结构就存在于要素、效果以及它们的关系的总体之中，这样一来，就可以把结构理解为既出现又不出现在它的部分之中的原因。总之，结构因果性的特征在于，整体的结构虽然对其部分（结果）产生效能，但结构自身却从部分（结果）中销声匿迹了。从因果性的角度，结构虽全面地内在于结果当中，但绝不显现于眼前（不在）。结构只在结果中留下效能的痕迹，这种事实就叫作"结构的不在性显现"。之所以产生只留下痕迹而不显其形态的"结构因果性"，是因为社会整体是被重层建构的复合体，因此，即使将部分切割下来看，也看不见结构（整体）的本质，若想说明结构效能的重层性，唯一的途径是对整体进行结构分析。阿尔都塞认为，正是由于发现了结构内在于结果当中的"不在性显现"，人们才能创造出一种新型的因果关系理论，而在近代哲学史上，对这种新型因果关系作出说明的是斯宾诺莎和马克思。对于后者来说，这种结构因果论是描述世界的根本，是理论构成法本身，因此，可以说，斯宾诺莎和马克思在理论构成法（哲学）的历史中引发了一场理论革命。

《资本论》的对象与结构

阿尔都塞认为《资本论》的最突出特点在于，马克思在这部著作中使用了"结构分析法"对资本主义社会进行理论剖析，从这一角度，可以把《资本论》看作是实现了理论构成法（问题结构的理论）革命的著作。但是，马克思也同一切创新理论发明者的命运一样，并没有以一种恰当的和进步的方式去思考他所采取的方法的革命性意义，因此，必须通过后来者（也就是阿尔都塞本人及其小组）的工作，澄清马克思的理论革命的意义，并对其中的理论创新进行学理上的说明。

在巴黎高师内部，对《资本论》的集体研究既是几位哲学家协商分工的结果，也是自发分工的结果。在这一分工中，阿尔都塞的任务是探讨马克思同他的著作的关系，解释马克思凭借什么独创而与古典经济学家相区别，他又用什么概念体系来说明古典经济学的发现和他自己的发现在本质上的不同。为了解决上述问题，阿尔都塞对《资本论》进行了"双重阅读"，也就是不断从科学的阅读回复到哲学的阅读，再从哲学的阅读回复到科学的阅读，以此探讨马克思在什么地方与他的古典政治学的先驱者分道扬镳，从而确定《资本论》对象的独特之处。

在"《资本论》的认识论命题"这一标题下，阿尔都塞大段引述恩格斯关于"燃素说"的评述，用以说明马克思的理论革命以及他与古典政治经济学的理论关系。所谓"燃素说"是德国医生兼化学家贝歇尔和他的学生施塔尔在18世纪初共同提出的一种解释燃烧现象的理论。他们认为："燃素"是构成物质的一种元素，它的迅速运动是产生燃烧的原因。世界一切可燃物或多或少都含有"燃素"，含"燃素"多的物质如油、木炭，燃烧就剧烈，而如黄金、石头等不含"燃素"的物质则不能燃烧。"燃素说"在产生初期曾经发挥过积极作用，使化学从炼金术中解放出来。然而，一种学说是否正确必须经得起实践的检验。"燃素说"在事实面前却吃了败仗。1774年，英国化学家普利斯特里用聚光镜加热氧化汞得到了氧气。当时，他不知道这是氧气。次年11月，当他到巴黎讲学时，把这个制氧的实验在法国科学院当众表演，被在场的法国化学家拉瓦锡看到。拉瓦锡得到启示，苦思好几天后，终于设计出一个有划时代意义的实验用以推翻"燃素说"，同时建立崭新的氧化学说。拉瓦锡在论文中批评"燃素说"只能给化学家一个玄妙的东西，它使人捉摸不定，可以任意解释。事实上，燃烧绝不是可燃物放出燃素，而是它跟空气中的氧气发生猛烈的作用，从而发出光和热。拉瓦锡氧化学说的建立，是化学史上一次伟大革命，也是一个伟大的里程碑。它推翻了统治化学界一百多年的"燃素说"，代之以科学的"氧化说"，从而使化学在科学的道路上迅猛前进。

在阿尔都塞看来，虽然英国化学家普利斯特里早于拉瓦锡发现了氧气的存在，但由于普利斯特里仍然在旧的"燃素说"的思维框架下进行理论研究，所以没能正确解释燃烧现象，只是到了拉瓦锡提出了"氧化说"，人们才能真正理解燃烧的原因和作用方式。同样，在人文科学领域，马克思的理论贡献就如同拉瓦锡提出"氧化说"一样，具有里程碑式的意义。在马克思以前很久，人们就已经确定现在称为"剩余价值"的那部分产品价值的存在，只不过它们是以地租、利润、利息等的名词概念的形式出现。既然如此，为什么马克思的剩余价值理论却仍然好像晴天霹雳一样震动一切文明国家呢？这就涉及马克思的理论革命的意义问题。阿尔都塞指出，一门科学的对象的每一次革命，都必然会引起这门科学术语的革命。而任何术语都是同一定的观念范畴联系在一起的，任何术语都是同作为这一术语基础的理论体系相联系的，古典政治经济学有其固有的概念体系与解释框架，但由于理论基础的局限，古典政治经济学未能创造新的术语。正是马克思使古典政治经济理论发生变革，而这场革命的最明显的地方就表现在"剩余价值"这一概念上。在古典经济学家中，没有一个想到那些同时是其对象的概念名词（地租、利润、利息）可以用新的思维和新的价值取向重新对其进行思考，因此他们仍然停留在黑暗之中，成为那些只是经济实践的意识形态概念的俘虏。

阿尔都塞把马克思与古典政治经济学的断裂称为理论革命。正是"剩余价值"理论的提出引起整个经济学发生革命并使全部资本主义生产变得可以理解。马克思的发现转变了古典政治经济学的理论总问题，同时，理论对象也必然发生相应变化，不仅仅是对象的某些方面和细节发生变化，而是对象的结构本身发生了变化。这时，人们看到的是对象的新结构，虽然现实对象并没有发生变化，但认识对象却完全改变了。新的对象同旧的意识形态对象虽然还保留着某种联系，我们可以在新的对象身上看到同时属于旧的对象的某些要素，但是这些要素的含义已经彻底改变，因为新的结构已经赋予这些要素以全新的含义。

阿尔都塞高度赞扬马克思的理论革命：首先，只有从马克思开始，人们才可以不再谈论人本学的问题。真正的主体不再是天真的人类学所说的"具体的个体""现实的人"，而是这些地位和职能的规定和分配。其次，马克思通过他的概念来规定经济的时候，他不是在同质的平面空间的无限性中，而是在区域结构所规定的，并且是总的结构的组成部分的特定领域中来说明经济现象。因此，马克思是把经济现象看作是一个复杂和深刻的空间，而这个空间同时又是另一个复杂而深刻的空间的组成部分。最后，正是从马克思那里，历史理论摆脱了唯心主义和经验主义传统的束缚，真正形成了历史唯物主义理论，使新的科学从意识形态领域中分离出来。

第 7 章

论马克思主义的哲学

列宁的笑声

　　1908 年，当列宁到卡普里岛的高尔基家做客时，高尔基希望列宁能够和他本人所认同的"召回派"知识分子进行一次哲学讨论。所谓的"召回派"是这样一个团体，它在政治上是左派，倾向于激进的政治运动，主张召回党在国家杜马中的代表，拒绝一切合法形式的政治斗争，并极力鼓吹暴力行动。尽管如此，这些左派的宣言底下掩盖着的却是右派的立场，其哲学基础就是马赫的经验批判主义及其副产品——波格丹诺夫、卢那察尔斯基、巴扎罗夫等人的哲学。收到高尔基的邀请信，列宁情不自禁地露出微笑，对他来说，高尔基所希望的哲学讨论只不过是一种诗人的天真，他这样回答高尔基：亲爱的阿列克谢·马克西姆维奇，我很乐意去看你，可是我不愿参加任何哲学讨论。固然，这其中有一些政治策略的因素，召回派虽然是经验批判主义者，但同时也是马克思主义者，公开的辩论不可避免地会破坏政治上的团结。但另一方面，则是远远超出策略的东西，那就是根本没有哲学交流这样的东西，根本没有哲学讨论这样的东西。如果说科学使人团结,并因它摒弃分裂而使人团结的话,那么,哲学则使人分裂,并且它只有通过分裂才能使人团结。这就是列宁的笑声,这笑声成为阿尔都塞《列宁和哲学》这一篇文章的引论,引导人们去思考什么是马克思主义的哲学。

对于马克思主义哲学的形成,阿尔都塞坚持他关于哲学与科学的划分,认为马克思主义哲学的孕育工作和科学的孕育工作是紧密联系、互为表里地起作用的,新的哲学范畴是在新科学的工作中整合出来的,因此,必须在马克思主义科学的母体中寻找整合马克思主义哲学的理论要素。他认为,马克思《关于费尔巴哈的提纲》第 11 条:"哲学家们只是用不同的方式解释世界,而问题在于改变世界。"这个简单的语句似乎承诺了一种新的哲学,一种不再满足于解释世界,而是要积极地行动起来,对世界进行改造的哲学。但是,在《关于费尔巴哈的提纲》发表之后的近三十年时间里,马克思主义在哲学上却一直保持沉默。最后,恩格斯出于政治和意识形态的原因而发表的几篇即兴的哲学论战才将这多年的沉默打破。而这哲学上沉默的三十年,正是马克思创立一门新科学的三十年。在马克思之前,持续的认识论断裂仅仅为科学知识开辟过两块大陆:希腊人开辟的数学大陆和由伽利略及其后继者开辟的物理学大陆。正是马克思开辟了第三块科学大陆:历史学的大陆。即使是在我们所身处的今天,仍然置身在由第三次断裂所标志并打开的理论空间之中。但遗憾的是,马克思当时并没有时间系统论述他的哲学观念,而恩格斯和列宁也只能在论战中被迫用敌人的武器回敬敌人的意识形态,粗略地论述马克思主义哲学的基本原则。

视线转回到当代,对于当代法国哲学的发展,阿尔都塞感到十分失望。在他看来,法国学院派哲学家之所以拒绝向政治家和政治学习，因而也拒绝向列宁学习，是因为他们完全不愿像列宁那样谈论哲学。他们谈哲学的方式只是把宝贵的聪明才智用去进行哲理上的沉思与冥想，而列宁却直截了当地指出哲学只不过是政治的某种投入、政治的某种延续、政治的某种冥想。在这里，真正的问题不在于马克思、恩格斯和列宁是不是真正的哲学家，他们的哲学陈述形式是不是无可指摘，他们是不是对康德的"自在之物"发表见解，而是在于他们通过倡导一种完全不同的哲学实践，使得那种传统的实践本身成为问题。

哲学的改造

马克思主义哲学是一个容易引起冲突的对象，一种有人捍卫也有人猛烈攻击的崭新观念，这主要是因为，马克思对哲学进行了根本的改造，不仅改造了它的形式，也改造了它的目的和话语方式。为了说明马克思主义哲学的这种革命性特征，阿尔都塞将马克思主义哲学与从柏拉图到海德格尔的西方哲学传统进行了比较，提出了"哲学的改造"的论题。

在阿尔都塞看来，马克思主义哲学的一个最为突出的特征是它以一种悖论的形态存在着，这也就是说：马克思主义哲学存在着，却又从来没有被当作"哲学"来生产。这意味着，马克思主义的哲学形态与从柏拉图到胡塞尔、维特根斯坦和海德格尔的哲学都不相同，对于后者，他们的哲学是以话语、论文或理性体系的形式在人类文化史上被当作"哲学"而被加以确认的。而且，当其在文化领域内自我确立为"哲学"的时候，它不是作为与道德、政治、宗教、文学尤其是科学相并列的一门学科而存在，而是把自己置于政治、道德和科学之上，声称只有它才能占有最高的真理，只有它才能作为关于整体的科学而存在。只有哲学才阐明了全部外在对象的真理，揭示出这些对象自己所不能明确表达的东西。这样，作为"哲学"的哲学生产就涉及所有人类观念和所有人类实践，它的任务就是说出全部人类实践和观念的真理。这个真理就是逻各斯，或开端，或意义。又由于，在"逻各斯"与"言说"、真理与话语之间拥有着共同的开端，那么，真理、逻各斯就只有在哲学话语中才能完全被包揽或被抓住并呈现出来。在这里，哲学的话语并不是它与真理之间的某种媒介或调解人，而恰恰是作为逻各斯的真理的在场。

阿尔都塞认为，与这种传统的体系化、学院化的哲学不同，马克思主义哲学存在着，但它并没有以上述意义的哲学形态存在。除了《关于费尔巴哈的提纲》中的箴言警句，除了《德意志意识形态》中严厉的哲学批判，也除了在《资本论》德文第二版跋中关于黑格尔的论述，马克思其实并没有专门写出系统的哲学论著。而恩格斯的《反杜林论》和列宁的《唯物主义和经验批判主义》这两部论战式的作品又只是在敌人的战场上作战，而不是系统阐述自己的理论体系。但是，即使马克思主义内部，哲学话语虽然缺席，但它仍然生产出了巨大的哲学效应。它以一种"革命性"和"批判性"的姿态对古典的哲学存在形式进行了批判，对传统的哲学生产方式发难。发动这场战争的根本原因在于，马克思主义坚信哲学有一个"外部"，或者表达得更好一些，它坚信哲学只有由于并且为了这个"外部"而存在，而这个"外部"就是实践，各种各样的社会实践。

一直以来，哲学都是作为"整体"和"大全"而存在的。对于柏拉图而言，哲学就是整体。到了黑格尔，一切社会实践——不仅是货币、工资、政治和家庭，而且是一切社会观念、道德、宗教、科学、艺术都被完美地集中并统一于哲学的内部。在哲学之外别无他物，也就是说，哲学没有"外部"。然而，为了要使一切社会实践和观念进入哲学的领域，或者说，哲学若想按照其自身的目的和形式吸收并整合这些社会实践，以达到替后者说出它们的真理的目的，它就必然要强迫、歪曲和改造这些实践。于是，人们便在知识中发现了权力，而哲学家们恰恰就是使用这些权力的专家。但是，人们始终需要牢记，所谓"权力"从来不意味着"为权力而权力"，如果哲学可以"看到整体"，那么它这样做只是为了给后者重建秩序。哲学绝不是无端而起的思辨的能动性，而是以真理的名义在体系内部对社会实践和观念进行改组和排序，哲学生产出种种理论图式和理论修辞格，将其作为克服矛盾的中介把不同意识形态要素重新联结起来，这是一种抽象的理论劳动，但它在实质上是意识形态领域内的阶级斗争。

在阿尔都塞看来，马克思主义揭示了哲学内部的意识形态斗争，揭示了在哲学内部也存在着与阶级社会中所发生的事情相类似的过程：被剥削阶级的统一与斗争是在阶级统治的条件下组织起来的，因而也是在意识形态领导的各种斗争和论辩中获得表述。于是，整部哲学史都充斥着被剥削者或反抗者震耳欲聋的回声。然而，对于马克思主义的经典作家而言，他们似乎无意于以传统的方式进行意识形态领域的斗争。他们向人们暗示，马克思主义所需要的哲学绝不是被当作"哲学"来生产的哲学，而毋宁是一种新的哲学实践。比如，马克思就明显地认为，把哲学当作"哲学"来生产是一种加入对手的游戏中去的做法，哪怕是采取对立的形式，这也意味着服从对手制定的游戏规则。这在某种意义上等于承认了资产阶级意识形态的哲学表达形式的有效性，用资产阶级意识形态领导权问题所要求的形式来装扮无产阶级意识形态，便是放弃了无产阶级意识形态的未来。

阿尔都塞认为，马克思用简明的语言概述了一种新的哲学原则，但同时也给马克思主义者留下了一个特别艰巨的事业，这就是创造新的哲学干预形式，创造一种新的哲学实践。这种实践将不再是纯粹知识的言说，它不再以亘古不变的永恒真理为圭臬。与传统哲学形式决然不同的是，这种哲学总是服从于它自身的存在条件和具体环境。虽然具体实践会具有一些动因，但不会有一个主体作为其先验的本体论开端，也不存在一个终极的目的来充当关于其过程的真理。实践不是按照某种不可改变的哲学的意志而产生的真理的替代品，而是打破哲学的平衡的那个东西。只有这样，马克思才能通过把哲学以一种新的形式置于实践之中，通过拒绝把哲学当作先验的东西来生产却又在各种政治、批判和科学的著作中实践这种哲学。

哲学就是战场

在关于哲学本身的看法上，阿尔都塞特别钟爱康德所说的"哲学就是战场"（Kampfplatz）这一比喻。对于阿尔都塞而言，哲学是一种战斗，一种从已被别人占据的世界中抢夺自己地盘的战斗。正像前文所说，阿尔都塞把哲学看作是意识形态领域的阶级斗争，在其中，充斥着统治者与反抗者交锋的呐喊，一种哲学为了确立自己的地位，必须对另一种哲学进行斗争，从而开辟自己的道路。为了证明这一点，阿尔都塞列举了马克思的例子，认为对于马克思来说，只有以黑格尔为参照，并通过与黑格尔划清界限，他才能够确定自己的哲学立场。

阿尔都塞这样表述自己的哲学观："哲学来到人世间不同于密纳发女神来到神和人的社会。哲学的存在取决于它能否占领阵地，而这一阵地却要在已被占满了的世界上去夺得。因此，哲学的存在有赖于哲学的冲突与差异，而这种差异则要求哲学从既存阵地不断绕弯才能取得和使人接受。绕弯是冲突的形式，冲突则是每种哲学的构成要素，每种哲学都是作为战斗一方投入战斗，哲学本身就是战斗。"不难看出，阿尔都塞对哲学的看法具有浓厚的政治意味。事实上，阿尔都塞本人也对此坦诚不讳，他一心去除哲学的中立性的面纱，去除哲学和政治之间的可疑区分。对于阿尔都塞来说，哲学和政治是交融一体的，一方面，每一个政治家，就算他像马基雅维利一样几乎不谈什么哲学，仍然可以被视为是富于哲学思维的政治家；另一方面，就算像笛卡儿一样几乎不谈什么政治的哲学家，也可以在其思想的字里行间发现其政治倾向。只不过，哲学的斗争形式极其隐晦，它往往采取一种间接的方式，即它必须采取从其他各种现存哲学立场那里兜圈子的方式来确定和捍卫自己的立场。对于阿尔都塞，早在撰写《保卫马克思》中的一系列论文时，他便以自己的亲身经历验证了"斗争是一切哲学的核心"这一观点。

1975 年 6 月，阿尔都塞在亚眠的庇卡底大学申请国家博士学位，他的答辩词的题目就是《在哲学中成为马克思主义者容易吗》。阿尔都塞认为，在哲学方面做个共产党人，也就是成为马列主义哲学家是不容易的。因为知识分子天然地属于小资产阶级，这种阶级本能会强烈地阻碍他走向无产阶级立场，一个理论工作者若想在哲学上成为马克思主义者，必须经过长期而艰苦的过程，与自己的小资产阶级世界观进行斗争。根据 1975 年 7 月 2 日《世界报》的报道，参加阿尔都塞这次答辩会的听众有五百人之多。阿尔都塞首先用一个半小时总结性地回顾了自己的思想道路，而在其后长达四小时的答辩时间里，提问层出不穷，老师和学生的精神都处于兴奋状态，现场气氛极其热烈。在这次答辩中，阿尔都塞特别把哲学与统治阶级的意识形态领导权联系起来，认为在意识形态领域，构成哲学的政治不是组织、巩固和捍卫这个领导权，就是同这个领导权进行斗争。马克思主义之所以容易引发冲突，就是因为它的理论和哲学明确地把阶级斗争问题提上议事日程，这使得它同政治抉择和政治斗争紧密联系在一起。因此，阿尔都塞认为，对于一个马克思主义的理论工作者来说，必须在斗争中思考他所从事并献身的这场战斗的条件、机制和赌注，必须站在政治的角度思考理论的前提、限度和后果。无论是对于教条主义还是对教条主义的右派批判，无论是对政治中的经济主义还是其对立面——人道主义的马克思主义，都不能将对它们的批判归结为对于形势的单纯评价，必须从哲学中确立自己的理论立场。

阿尔都塞强调，在哲学的斗争中，"极端地思考"往往具有特殊的重要性。正如列宁在《怎么办》中所表现出的那样，这种意识形态领域的阶级斗争往往会采取矫枉过正的形式——当棍子朝着不对的方向弯曲时，如果你想要让事情对头，就是说，如果你想要把它直过来，并让它永远是直的，就必须握紧它，持久地把它弯向另一边。事实上，在各种理论观念的论战背后，往往是权力的力量在起作用。这时，如果想要改变人们的观念，就必须破坏其背后的权力构造，这就需要把理论推向极端。阿尔都塞承认，他在 1965 年的作品《保卫马克思》和《读〈资本论〉》也存在这样的倾向，由于过分地卖弄结构主义术语而使理论显得有些矫枉过正。

论马克思主义哲学的立场

既然哲学就是战场，那么，马克思主义的立场是什么呢？阿尔都塞从四个方面划清了马克思主义哲学与传统哲学的界限：

其一，认识论上的反经验主义。

阿尔都塞认为，全部现代西方哲学——从笛卡儿经由康德和黑格尔到胡塞尔——均被"认识论问题"所支配，而这种"认识论问题"的最大特点在于，它的提法是意识形态的。也就是说，问题是从它的"答案"出发而提出的，仅仅作为它的答案的回溯性源头而存在。从笛卡儿经过康德和黑格尔到胡塞尔的哲学都没有摆脱"二元的镜子模式"，其最终结果是，问题将不得不被意识形态的解答所支配，也就是被政治、宗教和伦理的"利益"所支配。

所谓的"二元的镜子模式"是指这样一种认识的主客体关系：一方面是哲学主体（进行哲学思维的意识）、科学主体（进行科学思维的意识）和经验主体（进行感知活动的意识），另一方面，同这三个主体相对的客体是超验的或绝对的客体、科学的纯粹原则和感知的纯粹形式。这三个主体都被归入同一本质，三个客体也被归入同一本质，这样，上述各项的平行排列就使主体和客体相互对立起来，从而从客体方面来说抹杀了认识客体和现实客体之间的差别，从主体方面来说抹杀了进行哲学思维的主体和进行科学思维的主体之间的差别，抹杀了进行科学思维的主体和经验主体之间的差别。如此一来，被思考的唯一关系就是神秘的主体和神秘的客体之间的内在关系和同时性关系，在必要的时候甚至歪曲这些条件，从而使这些条件服从于宗教的（信仰）、伦理的（道德）和政治的（自由）目的。

"二元的镜子模式"构成认识论上的"意识形态圆圈"，为了摆脱这一"圆圈"，阿尔都塞提出两点解决方案：

（1）必须使用这样一些术语，这些术语拒绝采用主体和客体这些意识形态化的认识论概念，也拒绝镜子式的、相互反映的认识结构，它只承认事实本身的价值，而拒绝以宗教、伦理和政治的价值取代对事实本身的认识。

（2）必须建构这样一些哲学问题，这些问题的提出是基于事实本身，而不是由所谓的意识形态的答案所预先规定。也就是说，真正的认识论问题是开放性的，它允许各种可能的解决方案，但其评判的最终依据是科学，而不是意识形态。

其二，辩证法上的反还原主义。

在传统的马克思主义"解读"中，人们习惯于将马克思的辩证法看作对黑格尔辩证法的"颠倒"，即认为马克思在改造黑格尔辩证法的过程中，剥除了黑格尔唯心主义体系的外壳，保留了他的辩证法的内核。这种理解来源于马克思自己的一段话："辩证法在黑格尔手中被神秘化了，但这绝不妨碍他第一个全面地有意识地叙述了辩证法的一般运动形式。在他那里，辩证法是倒立着的，必须把它倒过来，以便发现神秘外壳中的合理内核。"马克思本人的解释极大地影响了后世对于马克思主义辩证法与黑格尔的辩证法的关系的理解，但阿尔都塞对此却有不同的看法。他认为，马克思对黑格尔辩证法的"扬弃"不是"颠倒"，而是"根本改造"，马克思本人所说的"颠倒"只是一个并不确切的比喻。

阿尔都塞认为，黑格尔辩证法的一个根本的前提条件是：简单的原始统一体通过否定的作用在自身内部不断发展，而在它的整个发展过程中，在它每次变为一个更加具体的总体时，它所恢复的无非还是那个原始的统一性和简单性。在这里，一切事物的存在和发展，最终都可以归结为受某一个单一的矛盾所决定，都可以回溯到某一单一的本原。在《精神现象学》中，任何意识都有一个在其现在形式中被扬弃的过去形式，因此，意识的现在形式"只是作为过去在现在中的回音（回忆、历史的幽灵），即作为预期或暗示，而同现在的意识发生关系"，这样，思维、意识和精神的发展都只不过是以现在的形式重复过去，借以复原、再现原始本原所潜在的、固有的本质。阿尔都塞指出，黑格尔的辩证法所表现出的是一种典型的"还原主义"思维方式，这种思维方式在他的《历史哲学》中表现得尤为明显。在这里，所有的历史时期都只是作为绝对精神的一个具体侧面而存在，历史按照一条内在性法则展开、运转。黑格尔把全部丰富而具体的社会生活视作精神本原的外化或异化，将其作为历史的一个环节加入由绝对精神这个单一的矛盾所推动的单调而周而复始的循环之中。

与黑格尔不同，马克思否定了绝对精神这个原始统一的简单性，而把承认一切具体对象的现实复杂性作为理论的前提，并认为正是这个复杂结构决定着对象的发展，决定着产生于其上的认识理论的发展。在马克思的辩证法中，起作用的不是两极对立的矛盾，而是多元的结构因果性。在马克思那里，即使是经济力量也只是作为矛盾的主导结构在归根结底的意义上成为社会历史发展的决定因素，事实上，作用于历史的因素是多元的，在特定的条件下，其他矛盾方面也可能成为整体的主导方面，发生一定的主导作用。阿尔都塞强调矛盾运动中主导结构的可变性，他说到，真正的马克思主义从不把各因素的排列、每个因素的作用和地位一劳永逸地固定下来，从不用单一的含义确定它们的关系；只有"经济主义"（机械论）才一劳永逸地把各因素的实质和地位确定下来，不懂过程的必然性恰恰在于各因素"根据情况"而交换位置……真实情形是，"归根到底由经济所起的决定作用在真实的历史中恰恰是通过经济、政治、理论等交替起第一位的作用而实现的"。

阿尔都塞认为，马克思的矛盾观是具有整体性和结构性的"多元决定论"，它与黑格尔的"还原主义辩证法"具有本质的区别。黑格尔的矛盾只是思维中的矛盾而不是现实中的矛盾。当黑格尔把意识、历史的发展统统归结为精神本质的外化，使它们成为"最抽象的意识形态的反映"时，它就丧失了其现实性。只有多元决定才能使人们不把有结构的复杂整体的具体演变看作是由外界原因所推动的偶然演变，而把这种具体演变看作是复杂整体内部的结构调整。在其中，每个范畴、每个矛盾以及通过结构调整而得到反映的主导结构的各环节，都在结构调整中起了非常重要的作用。

其三，历史观上的反历史主义。

"历史主义"这个词的用法在西方哲学史上有许多不同的定义，在最普遍的意义上，它认为历史的发展具有客观必然性，要受到历史自身规律的支配，事物的性质只有通过追溯其在历史发展背景中的地位和作用才能得到理解。在19世纪，黑格尔用普遍的历史理性概念建构起人类认识史上最为完备的历史哲学体系。他把人类历史上的各种运动——各帝国的此起彼伏、个人的朝荣夕衰、各种文化的昙花一现都看作是绝对精神的实现和展开，认为历史的每一步，都是向着人类自由的实现而迈进。在黑格尔的这种历史哲学中，绝对精神被看作是历史发展的内在逻辑与绝对必然性，历史发展的客观进程完全是绝对精神自身发展的结果。而黑格尔以后的历史哲学也承续了黑格尔历史哲学的根本精神，人们试图理解历史舞台上演出的种种戏剧的意义，试图理解历史发展的法则。如果在这方面取得成功，就可以预测未来的发展道路。因此，大多数历史主义的思想家都把探索历史发展的动因作为自己的目标，尽管具体观点可能不同，但按照历史发展的内在必然性将其划分为若干阶段并附之以带有终极关怀性质的来世许诺则成为一种思维习惯和意识形态信条。

阿尔都塞敏锐地意识到了历史主义哲学的这种内在危险性。他认为，马克思历史唯物主义与黑格尔的历史主义有本质的不同。在黑格尔那里，历史时代作为绝对知识的表征，是享有特权的存在，它要求每一时代的每一侧面都同样地反映绝对知识的本质要求。这也就是说，历史时代的每一个现实存在都具有一个可以对其进行同时代性"本质切割"的结构。与之相反，马克思主义的整体和黑格尔的整体具有不同的结构，特别是马克思主义的整体所包含的各个不同层面或层次并不是直接地互相表现，只有把这些不同的层面或层次联系起来，使每一个现实存在同所有其他现实存在相互一致，才能使其成为"同时代的"。对于马克思的历史唯物主义来说，它始终关注的是现实存在的社会生产关系的内部结构，而不是基于概念演进的历史顺序的依次更迭。阿尔都塞特别批判了"历史主义"的唯心主义特征。对于阿尔都塞来说，那种从一开始就规定了历史的起点和终点的"元叙述"是值得怀疑的，无论是集体历史还是个体历史都没有预定的方向或终点，历史是一种"偶然的相遇"。

其四，理论上的反人道主义。

20 世纪 60 年代，"人道主义的马克思主义"思潮在西方产生了广泛的影响。这股思潮的产生主要有如下原因：第一，由于战争，特别是第二次世界大战给人类带来空前的灾难，几千万人死于战祸，人的价值遭到摧残，人的命运成为社会各阶层普遍关心的一个中心问题。第二，现代资本主义社会中人的异化现象日趋严重。在战后的社会重建中，西方资本主义凭借现代化的科技手段使经济快速复苏，但同时，人也日趋成为机器的附属品，精神世界日益萎缩。第三，苏联在斯大林统治时期，对内实行"极权主义"，缺乏民主，打击不同政见者，对外推行强权政治，搞大国沙文主义，对南斯拉夫等国内政横加干涉。以上各种因素综合作用，共同促成人道主义在国际共产主义运动中广泛传播。1956 年，随着对斯大林个人崇拜的批判和苏共"二十大"的召开，人道主义的呼声日益高涨，这股浪潮直接影响到了西方马克思主义阵营内部。苏共领导层提出了"一切为了人，一切为了人的幸福"的口号，人道主义成为对抗信仰危机和对斯大林主义进行批判的武器。

在人道主义的热潮中，阿尔都塞却反其道而行之，冷静地表达了个人的不同看法。他认为，不能用"个人的心理"去解释整整一个历史时期的错误，对斯大林以及苏联共产党在特定历史时期的失误，不能将其简单地归因于斯大林个人对人性的粗暴践踏和蔑视，事实上，人们在批判斯大林的"个人迷信""教条主义"和"专制"的同时，也产生了另外一个后果，那就是有一批"解放了的知识分子"自发地重新去发现"人""人性""异化"等陈旧的哲学术语，从而导致"将马克思主义理论混同于前马克思主义意识形态的修正主义的特定局势"。阿尔都塞认为，尽管应该对斯大林所犯的错误进行彻底批判，但马克思主义所面临的更加严峻的政治挑战却不是来自教条主义，而是来自人道主义，其后果将关系到马克思主义的生死存亡。所以，他要挺身而出，站在斗争的前列，保卫马克思主义的纯洁性，旗帜鲜明地提出"理论的反人道主义"的口号。

阿尔都塞认为，理论上的人道主义是古典经济学、资产阶级自由派以及各种庸俗社会主义流派的理论基础。这种人道主义理论以抽象的人为出发点，以异化逻辑为线索来解释人类社会现象，把人的解放看作是人为了反对他的本质的异化而进行的斗争。这种思维逻辑仍然是停留在费尔巴哈人本主义的水平上，尚未进入马克思历史唯物主义的门槛，仍然没有理解马克思哲学革命的真正意义。尤其令阿尔都塞感到忧心的是在马克思主义内部，这种理论上的人道主义也颇为流行，一些马克思主义理论家把全部马克思主义的基本思想及其来源都看作是从黑格尔和费尔巴哈那里接过来的异化思想，从人的本质、从自由的人这个主体、从伦理活动的主体出发解释社会和历史，从而将马克思的科学理论降为一种人道主义的意识形态。因此，阿尔都塞提出了"认识论的断裂"，将理论批判的矛头直指人道主义。阿尔都塞指出，人道主义理论的核心在于把人置于世界的中心地位，而就这个说法的哲学意义而言，是指人是世界的原初本质和目的，是把人看作世界的开端。而所谓的"开端"和主体哲学正是马克思的历史唯物主义所拒绝的意识形态。在阿尔都塞看来，作为开端性主体的人仅仅是空洞观念中抽象的人，而现实的人则是经过结构主义分析的人。人在具体的意义上是被各种各样的关系所决定的，人道主义所高扬的"主体性"概念所意指的一切（意识、经验、信念、自我统一性）都只能是一种社会效应，不可能脱离具体的历史现实而存在。其实，马克思在《资本论》中论述生产、消费、分配各个领域的关系时就已经在理论上推翻了这种抽象的人道主义的论题。在马克思看来，真正的主体不是人本学所说的"具体的个体"，而是生产关系，人只是他们身处于其中的社会结构关系的承担者，历史在本质上说是一个"无主体的过程"。

第 8 章

党内生活与政治斗争

阿尔都塞与 1956 年危机

1956 年，对于大多数法国知识分子来说，是信仰动摇、内心困惑的一年。在这一年，苏联共产党第二十次代表大会召开，新任总书记赫鲁晓夫在这次会议上揭露并批判了斯大林的错误及其犯下的罪行，在共产党内部引发了思想上的剧烈震荡。同是在这一年，苏联的坦克在"隆隆"声中开进布拉格，碾碎了匈牙利的革命，也粉碎了共产主义苏联的神圣性。人们开始对制度性的马克思主义的合法性产生怀疑，"苏联模式"受到人们的批评，曾经被人们寄予希望的社会主义意识形态也因此受到人们的质疑：为什么这种制度会容忍古拉格群岛（苏联在斯大林时代镇压政治异己者的大规模集中营）的存在？共产主义信仰在极权主义的恐怖笼罩之下变得意义模糊而暧昧。

在法国，苏联革命一直被视为法国大革命的延续，而 1956 年发生的历史事件直接导致信仰大厦的土崩瓦解。人们开始对 1917 年革命，甚至对 1789 年法国大革命乃至启蒙运动本身的理想和价值进行重新评估。有些人彻底放弃了共产主义理想，其中包括阿尔弗雷德·阿德勒、米歇尔·卡特里、皮埃尔·克拉斯特和吕西安·塞巴热，他们都曾经是阿尔都塞的学生、同事和朋友，但都选择在1956年退出法国共产党。这四个人后来都转向了民族人类学的研究。阿尔弗雷德·阿德勒后来描述他从存在主义走向结构主义的心路历程：对于他们那一代知识分子而言，在政治热情的推动下走向马克思主义似乎是一个顺理成章的事情。然而，他们对马克思主义的态度仍然是有所保留的，加入法国共产党似乎只是为了承担某种道德义务。1956年的事件使得原本并不坚定的信仰受到重大打击，他们不得不接受这样一个事实，即继续承载黑格尔—马克思式的政治与伦理的义务已不再可能。1956年的分裂使得人们不再被迫对任何事物怀揣希望，相反，人们在列维-斯特劳斯的著作中发现了另一种选择。那就是对非意识形态化、非政治性话语的支持。这种走向"田野"、走向科学的结构主义人类学与纯粹自我反思性的哲学话语完全不同，它向人们提供了一个可资证实的理论探索的路径。与意识形态的摇摆和不确定相比，新的理论道路似乎更加坚实可靠。的确，在列维-斯特劳斯的《忧郁的热带》中，人们看到了与逐渐走向式微的黑格尔—马克思式的历史主义完全不同的东西——结构主义。

而另外一些知识分子如阿尔都塞，则依然坚定自己的政治信仰，他们继续留在党内，但被要求与斯大林主义的个人主义和极权主义划清界限，并在理论上作出反应。于是，又有一部分人转向"人道主义的马克思主义"，而阿尔都塞则把目光也投向了结构主义，谋求对历史唯物主义作出更加有效的论证。一个重新界定新型的"后斯大林主义政治"的时刻开始了：为了从意识形态的束缚中解放出来，追上结构主义的彩车，阿尔都塞撇开了经验主义与心理主义，撇开了异化的辩证法，而投身于科学的马克思主义，其目的是使马克思主义理论迈出政治体制的泥潭，重新整合马克思主义的历史观念与社会政治学说。无论如何，作为一名共产党员的阿尔都塞是忠诚的，他没有在法国共产党遭遇最严峻挑战时抛弃自己的信仰，这使得他在马克思主义的理论家中尤其为人们所敬重。

与法国共产党的立场分歧

阿尔都塞于 1948 年加入法国共产党，作为一名"一言九鼎的理论权威"，阿尔都塞对自己的言论非常谨慎，他很想公开反对斯大林主义及其对法国共产党的不良影响，但由于涉及党的事业，他只好选择一条迂回的道路，即从纯粹理论的层面对政治发表自己的看法。尽管如此，阿尔都塞在法国共产党内部也日益被孤立和边缘化，慢慢失去影响力。20 世纪 60 年代以来，对于法国共产党领导层进行的政治路线的调整，阿尔都塞感到不满，他与党内一些志同道合者组成联盟，反对这一政治转向，此举被法国共产党当权派称为"在阿尔都塞影响下的一小批哲学家对党的政策的有组织的攻击"。阿尔都塞明显地意识到自己在党内的孤立地位，他感到失望与无可奈何。他试图通过从事纯粹理论研究的方式，一方面留在党内，与自己的论敌保持适当的距离；另一方面能够以一种抽象的方式介入现实的政治斗争。然而，随着两派矛盾的不断激化，1976 年 12 月，阿尔都塞终于不顾法国共产党当权派"蕴含潜在派系斗争苗头"的威胁公开发表演讲，表达自己对法国共产党政治路线的不满。那么，阿尔都塞与法国共产党的这种分歧究竟在什么地方？二者的矛盾又为何会发展到如此激烈和公开化的程度呢？

从 60 年代早期，法国共产党领导层就一直致力于推动一个有争议的观点：只有依靠投票箱，法国才能走上社会主义道路。虽然在反法西斯的斗争中赢得巨大声望，但法国共产党在"二战"以来的国家大选中从未得到过超过四分之一以上的选票支持。为了谋求更多的选票，法国共产党酝酿建立一个由共产党领导的"左翼联盟"。正在此时，社会党人密特朗主动摇动橄榄枝，两家不谋而合，1965 年，法国共产党和法国社会党达成选举协定，共同导致戴高乐的下台。

但是，事情并没有向法国共产党最初设想的方向发展。在由共产党和社会党为主体所构成的"左翼联盟"中，共产党并没有占据主导地位，相反，被想当然认为处于从属地位的社会党在密特朗的领导下，在联盟中获得了比共产党更为强大的政治优势。1977 年，追悔莫及的法国共产党领导层决定破坏《共同纲领》，将选举权拱手让给右翼。但这一举动并不能阻挡社会党竞选的脚步。1978 年，社会党在法国议会选举中脱颖而出，赢得大选，而法国共产党则由于一连串的政策失误以及对"左翼联盟"的背叛而导致党内产生空前的不满情绪，法国共产党开始走上了急转直下的衰退之路。

阿尔都塞在政治策略上支持共产党—社会党联盟，但他反对法国共产党为此而付出的政治代价：放弃阶级斗争的立场，转而追求一条改良主义和修正主义的政治路线。他在 1966 年致法国共产党总书记马歇的信里警告说，法国共产党已经忘记了马克思在《哥达纲领批判》里指出的教训。1967 年，在与党内的人道主义知识分子的论战中，阿尔都塞再一次强调：在无产阶级专政问题上的妥协和退让必将动摇社会主义革命的根基。1976 年，阿尔都塞写了一篇以无产阶级专政为理论对象的论文《黑色的牛》。在这篇文章里，他专门探讨那种撇开阶级斗争的内容来讨论民主的改良主义观念的根源。阿尔都塞认为，法国共产党在阿让特伊会议上提出的"真正的民主"的政治路线是极其软弱无力的，他在《论再生产》一文中重申："假如说，将来某一天，共产党及其同盟者在法定选举中获得多数席位，他们必须铭记在心的是，如果没有夺取国家权力，没有废除国家的镇压性机器，没有用长时间的努力来粉碎资产阶级的意识形态国家机器，革命将无法想象，胜利也无法持久。"

总之，阿尔都塞与法国共产党领导层的主要分歧在于：阿尔都塞坚持马克思—列宁主义的国家观，认为国家是一个阶级统治其他阶级的专政工具，一个共产主义政党的使命不是"参与"政权，而是要推翻资产阶级专政。而以马歇为总书记的法国共产党领导人则公开宣布，在现代民主国家，阶级专政的观念已经落伍，马歇还建议从法国共产党的所有章程中清除阶级专政的措辞。马歇的这一主张在法国共产党第二十二届代表大会上获得代表们的支持，但从形式上，这一修正方案要到第二十三届代表大会才可以通过。这给了阿尔都塞派以反击的时间。在其后的三年里，阿尔都塞不止一次与法国共产党官方哲学家吕西安·塞弗同台辩论，并不顾党内压力在巴黎大学向那里的共产主义者大学生联合会发表关于粉碎资产阶级国家机器，并代之以更加革命的国家机器的演讲。从某种程度上，尽管看起来是在孤军作战，但阿尔都塞已成为"法国共产党核心中的左翼反对派的领袖"。

向往中国，崇拜毛泽东

阿尔都塞是一位毛泽东的崇拜者，他对毛泽东领导下的红色中国充满向往，尽管这种向往夹杂了许多个人想象的成分。阿尔都塞极为关注中国的共产主义实践，对中国的"文化大革命"抱有极大热忱，寄予很高期望。在他看来，中国正在进行的文化领域的革命是社会主义政党在夺取了国家政权、掌握了镇压性的国家机器之后，对思想和意识形态的全面改造。这种改造建立在生产资料和国家经济基础的全面掌控的基础之上，对于社会主义建设来说，仅仅从经济上改造社会是不够的，必须进行思想意识和文化形态的变革。只有这样，才能实现马克思所提出的共产主义理想，而这种理想，就是对人类社会生活和精神生活进行全面改造。因此，不难理解为什么阿尔都塞对中国的"文化大革命"如此充满激情。对于他来说，中国已经先于法国砸碎了暴力性的资产阶级国家机器，并且建立了无产阶级的国家政权，在这种情况下，如果完成对人们思想和精神文化的革命性改造，就意味着共产主义理想的真正实现。这难道不令真正的马克思主义者欢欣鼓舞、充满期待吗？在这里，阿尔都塞显然同许多对中国的"文化大革命"没有深刻了解的西方左翼思想家一样，对"文革"的残酷性和矛盾性并没有深入的了解，而仅仅是想当然地用一种浪漫主义的幻想将其理想化，这无疑是一种文化和历史的误读。然而无论如何，有一点是确定无疑的，那就是阿尔都塞具有非常强烈的毛泽东情结。虽然他的一生几乎对各种各样的权威都表示过不同程度的蔑视和反抗——他曾经与法国共产党的理论权威加罗蒂论战、对战后法国知识分子的精神领袖萨特表示过不满、与精神分析的权威拉康决裂——但是，他对毛泽东似乎充满倾心和仰慕。即使在被病魔和罪悔缠身的晚年，他仍然念念不忘毛泽东。原来，毛泽东曾经允诺阿尔都塞一次接见的机会，但出于对法国共产党的立场以及两党关系的种种考虑，阿尔都塞的中国之旅没能成行。对于这次错过的约会，阿尔都塞后悔不迭，他懊恼地认为，这次失约是他一生中犯过的最愚蠢的错误。

当然，阿尔都塞对毛泽东的敬仰不仅仅是一种对领袖的个人崇拜，更为关键的是阿尔都塞对毛泽东理论思想的认同。他十分看重毛泽东的《矛盾论》，他在 1962 年专门写了《矛盾与多元决定》一文，对毛泽东著作中所体现的理论独创性极为推崇。在阿尔都塞看来，毛泽东关于矛盾的无处不在、对抗性矛盾和非对抗性矛盾的区分和论述，不仅发展了马克思主义的辩证法和列宁的革命理论，而且正确地阐明了矛盾在本质上是多元决定的，而不是黑格尔所言的那种单线发展的简单矛盾。虽然黑格尔在《精神现象学》中指出，思维、意识、精神的矛盾及其发展具有复杂性，但黑格尔这种所谓的复杂性不是真正多元的复杂性，而只是一种徒具其表的复杂性，因为黑格尔把复杂的社会历史矛盾都归结为一个统一的内在本质。这种"一元决定"的矛盾观使黑格尔的辩证法丧失了现实性，沦落为还原主义。而毛泽东所提出的《矛盾论》则是真正的"多元决定论"，他关于主要矛盾和次要矛盾、矛盾的主要方面和次要方面的区分以及矛盾发展的不平衡性的思想真正揭示了矛盾的复杂统一性，在理论和实践上都具有重大的指导意义。

阿尔都塞与 1968 年的"五月风暴"

1968 年是阿尔都塞理论生涯和政治生活的一个转折点。在此之前，阿尔都塞的理论关注点在于谈论马克思理论的"科学性"，而在此之后，他则更多地把理论的兴奋点转移到"意识形态"这一问题上来。这一研究侧重点的转移与震撼世界的"五月风暴"相关。有点讽刺意味的是，阿尔都塞本人并未参与"五月风暴"，在学生们最需要精神导师的时刻，这位革命的鼓吹者和倡导者却由于身体原因而在疗养院治病。但是，阿尔都塞此前关于毛泽东思想的阐释却深刻地影响着参加运动的学生，他们认为自己参加了一场可以改变世界面貌的革命运动。事实证明，"五月风暴"与阿尔都塞想象的革命相差甚远。在这场组织松散而且类似政治狂欢的运动中，可以看到各种各样"疯癫的"言语和口号："狂妄是革命的新式武器"，"拥抱你所爱,但不要放下枪杆子","任何人只要不是我,那就是镇压我的人","我们不要换雇主,要换被雇佣的生活","看看你的工作吧,无聊和折磨也在里头呢","给自己一点爱和爱的时间吧","我是马克思主义者,赫鲁晓夫派","打倒纲领,朝生暮死万岁——马克思主义悲观青年","跳个倒霉舞吧","不爱2%,也不爱4%","我有些事要说,但不知道是什么事"……这些口号对社会的各个方面——教育制度、不平等、社会分工、资本主义生产方式、性与文化等——提出异议,但它并没有引发所谓的阶级斗争。人们只是想如同上剧场一样,在对政府的抨击和嘲笑中得到快乐,而且像在马戏团一样,言论越是说得没头没脑、越荒唐、越玄乎其玄的时候,这种快乐就越大。似乎人们并没有对这场运动采取认真的态度,而只是把它当作一种对政治和文化压抑的宣泄,没有人想到暴力革命,也没有人想到武装夺取政权。事件平息之后,阿尔都塞对法国共产党在运动中的表现非常不满,他甚至一改一贯的谨慎作风,公开批评法国共产党在"68事件"中的政治策略,认为正是法国共产党在阶级专政问题上的妥协导致了它在运动中的无所作为。阿尔都塞感慨一场伟大梦想的破灭,认为法国共产党已经失去了它最后的机会,资产阶级的统治将更加稳固而长久地发展下去。

"五月风暴"成为当代西方政治斗争和文化运动的转折点。自此之后,左翼知识分子的号召力量在法国日渐衰落,青年学生对马克思主义理论日渐失去兴趣,甚至在当时的青年学生中还流行着这样一种观点:"68事件"的结果证明了阿尔都塞在60年代中期的观点是谎话。这迫使阿尔都塞对"为什么没有发生革命"这一问题进行理论上的回应。1970年,阿尔都塞写了长篇论文《意识形态和意识形态国家机器》,并发表在法国共产党机关刊物《思想》杂志上,对"68事件"进行了理论上的阐释，引发了很大反响。多年以后，阿尔都塞重新对马克思主义的理论进行了审视，并在 1977 年 11 月举行的威尼斯会议上重又提到 1968 年的"五月风暴"。他认为马克思主义并不包括"一个关于国家、国家权力或者国家机器的理论"，而正是由于这种理论上的缺失导致了共产主义"悲剧性的历史"。至此，阿尔都塞开始思考"马克思主义的危机"。其中，最重要的一篇论文写于 1978 年，题为"马克思的局限性"。阿尔都塞指出，马克思主义的危机应该促使共产党人对马克思主义进行广泛的反思，从而获得解放的机遇。阿尔都塞说："我们从马克思那里能得到什么教益？那就是要在马克思的思想运动中，验证马克思学说的局限性。这些局限性主要涉及有关科学、国家和政治、意识形态等领域。"

第 9 章

意识形态理论

李森科事件

为了说明阿尔都塞的意识形态理论，不能不谈一谈当时对阿尔都塞有深刻影响的李森科事件。李森科（Lysenko）是苏联农学家、生物学家。他 1898 年出生于乌克兰一个农民家庭，1925 年毕业于基辅农学院后，在一个育种站工作。1929 年，李森科的父亲偶然发现在雪地里过冬的小麦种子，在春天播种可以提早在霜降前成熟。李森科在此基础上，发展了一种称为"春化处理"的育种法，即在种植前使种子湿润和冷冻，以加速其生长。李森科夸大自己的发现是解决霜冻威胁的灵丹妙药，为此，乌克兰农业部决定在敖德萨植物遗传育种研究所里，设立专门研究春化作用的部门，并任命李森科负责。然而，李森科所推广的这种"春化处理"技术，并不是依靠严格的科学实验，却是借助于浮夸和弄虚作假。他理所当然地受到了正直科学家的批评。

出于政治与其他方面的考虑，李森科坚持生物进化中的获得性遗传观念，否定基因的存在性，用拉马克和米丘林的遗传学抵制孟德尔和摩尔根创立的遗传学，并把西方遗传学家称为"苏维埃人民的敌人"。李森科的观点受到了苏联农业科学研究院前任院长瓦维洛夫的批评。1935 年 2 月 14 日，李森科利用斯大林参加全苏第二次集体农庄突击队员代表大会的机会，在会上作了《春化处理是增产措施》的发言。李森科在他的演说中谈到，生物学的争论就像对"集体化"的争论，是在和企图阻挠苏联发展的阶级敌人作斗争。李森科把学术问题上升为政治问题，这一做法得到了斯大林的首肯。同年，李森科获得乌克兰科学院院士、全苏列宁农业科学院院士的称号，并当上了敖德萨植物遗传育种研究所所长。瓦维洛夫于 1940 年被捕，先是被判极刑，后又改判为二十年监禁，1943 年因营养不良在监狱中死去。

第二次世界大战期间，由于对国防作出了巨大贡献，苏联科学家的影响大为增加。有人因此希望战后放松对科学家的控制。1947 年，苏联生物学家锡马尔豪森在苏联主要哲学刊物上发表了明确批判李森科主义的文章。1948 年，当时在中央委员会主管科学的官员尤里·日丹诺夫（斯大林的主要助手之一，安德烈·日丹诺夫的儿子、斯大林的女婿）接受了苏联生物学家向中央委员会的控诉，认为李森科否定孟德尔遗传学是错误的。日丹诺夫在随后的一次报告中对李森科进行了批判。

然而，由于李森科寻求斯大林的支持再次获得成功。1948年 8 月，苏联召开了千余人参加的全苏列宁农业科学院会议（又称"八月会议"）。李森科在大会上作了《论生物科学现状》的报告。他用意识形态领域的阶段斗争解释科学上的争论，把自己的理论说成是"社会主义的""进步的""唯物主义的""无产阶级的"；而孟德尔—摩尔根遗传学则是"反动的""唯心主义的""形而上学的""资产阶级的"。经斯大林批准，苏联正统的遗传学被取缔了。高等学校禁止讲授摩尔根遗传学；科研机构中停止了一切非李森科主义方向的研究计划；一大批研究机构、实验室被关闭、撤销或改组；有资料说，全苏联有三千多名遗传学家失去了在大学、科研机构中的本职工作，受到了不同程度的迫害。

1953年3月5日斯大林死后，苏联的文化生活出现了一次解冻。1955年年底，三百多名苏联著名科学家联名写信给最高当局，要求撤销李森科的全苏列宁农业科学院院长职务。1956年2月，苏共第二十次代表大会后，对于斯大林的个人崇拜受到批判，李森科迫于形势提出辞职，并得到苏联部长会议的批准。但是，由于赫鲁晓夫重蹈斯大林的覆辙，再度以政治力量干预学术论争，一大批反对李森科关于物种和物种形成"新见解"的科学家被撤职，一批实验室被关闭。1961年李森科被重新任命为全苏列宁农业科学院院长。1964年10月，赫鲁晓夫下台。李森科主义在苏维埃科学院被投票否决。至此，李森科丧失了在苏联生物学界的垄断地位。

"李森科事件"是科学与政治斗争、政治权威取代科学权威裁决科学论争的可悲事件。在这一事件中，学术被贴上了"阶级"的标签，正直科学家纷纷被扣上"唯心主义""资产阶级""反马克思主义"的帽子，真正的科学被扼杀，真正的科学家被驱逐出科学的殿堂。这种以强权和意识形态左右科学研究的做法势必酿成科学的悲剧和历史的悲剧。

意识形态的定义

受"李森科事件"的影响，阿尔都塞非常强调科学与意识形态的区别，并在与科学的对立中提出意识形态的概念。在阿尔都塞看来，意识形态与科学之间的区别是明显的：意识形态是针对幻想与想象提出问题，而科学则是针对真正的现实提出问题。意识形态在理论上是封闭的，同时在政治上又是灵活的、可塑的，它可以适应时代的需要改变自己的形态，但是它的唯一运作法则却是"利益"。科学则与此相反。科学虽然产生于意识形态，是从意识形态领域中不断分离出来的，但科学却能够在它的自身中产生出对自我的批判，在这一意义上说，科学在理论上是开放的，会不断经历类似库恩所说的"范式的革命"，在不断的"认识论的断裂"中历史地向前发展，在这一过程中，科学拒绝任何先在的承诺和担保。

从理论根源上，阿尔都塞的意识形态理论的提出，既受马克思的影响，又对马克思有所发展。马克思把意识形态看作是建立在经济基础之上的上层建筑，是对人们现实生活的反映。马克思认为，意识形态对于物质生产来说具有依附性，意识形态的更替归根结底要从物质生产方式的变化中去寻找，一旦离开人们的物质生产活动，意识形态也就失去其存在的根基，抛开人类的现实生活，意识形态也将不复存在。尽管如此，马克思仍然非常重视意识形态的社会效用与政治职能。马克思认为，意识形态是阶级统治的工具，是统治阶级把自己的独特利益说成普遍利益的理论欺骗。阿尔都塞从马克思主义的立场出发，运用结构主义方法并结合精神分析的理论成果，对意识形态概念给出了自己的定义。阿尔都塞称意识形态是"具有独特逻辑和独特结构的表象（形象、神话、观念或概念）体系，它在特定的社会中历史地存在，并作为历史而起作用"。围绕这一定义，阿尔都塞主要强调了意识形态的如下特征：

其一，意识形态的实践价值。

阿尔都塞并没有把意识形态看作是纯粹的幻觉和梦想，而是强调意识形态的社会功能，认为意识形态更多的是履行一种实践的职能而不是认识的职能。作为一个表象体系，意识形态是人类对其真实生存条件的真实关系和想象关系的认知混合体。在这种体系中，真实关系不可避免地被包括到想象关系中去，从而使之更多地表现为一种意志（保守的、顺从的、改良的或革命的），甚至一种希望或一种留恋，而不是对现实的描绘。事实上，在很多情况下，意识形态首先是作为一个被感知、被接受和被忍受的文化客体，以潜移默化的方式作用于人。在现实生活，正是通过意识形态，人们把种种概念、表述和意向转变为具体的行为、立场和行动的姿态。可以说，意识形态在某个社会集团的历史实践中起着实践准则的功能，支配着人们实践的立场和态度。

其二，意识形态的普遍性。

阿尔都塞从结构的立场出发，认为意识形态的特殊性在于，它被赋予了一种结构和功能，以至于变成了一种非历史的现实，即在历史上无所不在的现实。任何一个社会，尽管表现形式可以千变万化，但它总是由基本的经济活动、政治组织和意识形态构成。意识形态是社会总体的有机组成部分，是社会历史生活的基本结构的一部分。无论社会形态如何变化，这种社会整体的结构和功能是永远不变的，它们以同样的形式出现在人类历史的整个过程中。对于阿尔都塞来说，意识形态根本不是意识的一种形式，而是人类世界的一个客体，同时是人类世界本身。

其三，意识形态的封闭性。

对于阿尔都塞来说，意识形态是不动的运动，它从未超越自己的时代，也从未超越过自身。任何一种意识形态，都是关于起源和目的的神话。其中，起源与目的相互包含，从而构造出关于宗教、伦理和政治的神话。在意识形态中，理论上的对话和探讨是不可能的，因为意识形态只能被局限于自己事先设定的前提中。意识形态不会像科学那样经历断裂式的发展，它只能给自己提出它能够回答的问题，而对那些可能超出其界限范围的问题保持沉默，因此，阿尔都塞说："意识形态是不动的运动，正如黑格尔在谈到哲学本身时所说的那样，它反映和表现了历史中所发生的事情，但是它从未超越自己的时代，因为它不过是把人们引入歧途的镜子式的反映所俘虏的时代本身。"

意识形态的国家机器

在马克思主义国家学说中，"国家机器"通常指的是政治机关、军队、警察、法庭和监狱等"镇压性的国家机器"，它们是暴力的机构，是国家权力的外在表现形式，履行的是镇压的职能，其目的是维护一个阶级对另一个阶级的统治与剥削。作为对马克思主义国家学说的补充，阿尔都塞依据葛兰西的"意识形态领导权"理论，在对现代资本主义国家的统治方式的研究的基础上提出了"意识形态的国家机器"的概念，开创了马克思国家理论的新境界。

在阿尔都塞看来，"镇压性的国家机器"只是阶级统治的最后手段，只有当统治阶级认为社会政治结构受到严重威胁时才会诉诸它。而"意识形态的国家机器"则渗透在日常生活中，它通过意识形态的宣传、灌输和教育，在社会上强化统治阶级的意志，塑造俯首帖耳的芸芸众生，不断地进行资本主义生产关系和社会关系的再生产。所以，这些意识形态的工具是一些以专门机构的形式直接呈现在观察者面前的现实存在。具体地讲，"意识形态的国家机器"包括：

——宗教意识形态国家机器（各种教会体系），

——教育意识形态国家机器（各种公私立学校的体系），

——家庭意识形态国家机器，

——法律意识形态国家机器，

——政治意识形态国家机器（包括不同政党在内的政治体系），

——工会意识形态国家机器，

——传媒意识形态国家机器（出版物、广播电视等），

——文化意识形态国家机器（文学、艺术、体育等）。

事实上，国家机器虽然可以划分为"镇压性的国家机器"与"意识形态的国家机器"两种，但两者所维护的目的却是同一的，它们的作用是互补的。任何一个阶级的统治要想维持下去，就必须把这两种不同的国家机器结合起来。二者的区别仅仅在于：第一，"镇压性的国家机器"构成一个有组织的整体，它的不同组成部分受到一个统一体的集中指挥，这个统一体由掌握国家政权的统治阶级的政治代表来实施；而"意识形态的国家机器"却是由多种多样彼此各异的领域构成，是一个复数性的概念；第二，"镇压性的国家机器"完全属于公共领域，"意识形态的国家机器"则由私人领域构成，工会、学校、教会、党派、文化团体等都是民间的、私人性的，之所以称其为"国家机器"，是因为它们履行了公共的国家职能；第三，"镇压性的国家机器"大量并首要地运用暴力（从最野蛮的肉体施暴，到纯粹的行政命令和禁令，直到公开或隐蔽的审查制度）来发挥功能，而辅之以意识形态；"意识形态的国家机器"则大量并首要地运用意识形态（民族主义、民主主义、爱国主义、自由主义和道德主义等等）发挥作用，暴力只是作为辅助方面发挥作用。

阿尔都塞认为，不同社会形态中的"意识形态的国家机器"的作用是共同的，就是以意识形态的方式执行国家职能，保证生产关系的再生产。但是，不同社会形态中的意识形态国家机器的运作方式却不尽相同。

在封建社会中，"意识形态的国家机器"的数目较少，其

中教会集聚了意识形态的大部功能，占据统治地位。教会将宗教、教育以及大部分的传播和文化功能集于一身，因此，从16世纪到18世纪的意识形态斗争大都集中于反对教权、反对教会和反对宗教的斗争。其次是家庭的意识形态国家机器，还有像三级会议、议会那样的政治意识形态国家机器，以及像商会、银行行会以及技工协会等，它们各自在维护和再生产封建的生产关系方面执行自己的功能。

与封建社会相比，资本主义社会的"意识形态的国家机器"在数量上有了充分发展，在职能上的分工更为精细、明确，每种意识形态的国家机器都以其特有的方式服务于资本主义生产方式的再生产：政治的机器使个人臣服于直接或间接的"民主的"意识形态；传媒的意识形态国家机器则利用出版物、广播和电视，每天都用一定剂量向每个公民灌输民族主义、沙文主义、自由主义和道德主义等；文化的意识形态国家机器如电影、小说甚至体育也被用于统治阶级观念的宣传；其他如家庭、学校、教会也都如此，它们各自以自己的方式宣传和灌输现行统治阶级的意识形态。

在当代社会，在所有这些意识形态的国家机器中，学校取代了教会，占据了支配性的地位，在现有生产关系的再生产中扮演着主要角色。

在资本主义社会中，学校容纳了各个阶级的学龄儿童，每周五六天，每天八小时向他们灌输一定量的、用占统治地位的意识形态包裹着的"本领"（语文、数学、自然、科学、物理、文学），或者干脆就是赤裸裸的占统治地位的意识形态所要求的伦理学、道德观和公民守则等。到了大约16岁，大批孩子被赶到生产中来，成为工人或农民。而另一部分经过学校筛选的年轻人则继续他们的学业直到中途落伍，用以充当中小技术员、白领工人、中小行政人员以及形形色色的小资产者。最后，其中的一部分人达到顶点，或者成为半雇佣型的知识分子，或者充当剥削的当事人（银行家、资本家）和国家机器的代理人（军人、警察、政客、政府官员）等。总之，学校的教育赋予社会生产结构中各个阶层的人以其必需的生产能力：被剥削者所需要的工作技能，剥削当事人所需要的管理能力和向工人发号施令的领导能力，军人和警察所需要的对命令的无条件地服从，政客利用修辞进行煽动的能力以及职业意识形态家用以大谈道德、德性、民族和法律的必备知识。正是通过学校大量灌输的统治阶级意识形态和各种生产技能，资本主义社会形态的生产关系才被大规模地再生产出来。

意识形态无历史

"意识形态无历史"原是马克思在《德意志意识形态》一文中提出的理论命题，阿尔都塞在《意识形态和意识形态国家机器》中，从结构主义的视角出发对这一命题进行了理论的解析和重构，从而赋予其不同于马克思的理解与意蕴。

在《德意志意识形态》中，马克思这样写道："我们的出发点是从事实际活动的人，而且从他们的现实生活过程中还可以描绘出这一生活过程在意识形态上的反射和反响的发展，甚至人们头脑中的模糊幻象也是他们可以通过经验来确认的、与物质前提相联系的物质生活过程的必然升华物。因此，道德、宗教、形而上学和意识形态，以及与它们相适应的意识形态形式便不再保留独立性的外观了。它们没有历史，没有发展，而发展着自己的物质和物质交往的人们，在改变自己的这个现实的同时也改变着自己的思维和思维产物。"所谓"意识形态无历史"就是指意识形态对于物质生产来说是一种次生现象，它依附于物质生产和生活，并没有自己的独立发展的历史，意识形态不能离开物质生产方式而独立存在和发展。一旦某一历史时期的现实生活被超越了，在这一现实生活基础上产生出来的、相应的意识形态也就烟消云散，成为历史的灰烬！

阿尔都塞对于"意识形态无历史"的理解与马克思有所不同。阿尔都塞认为，马克思在《德意志意识形态》中所提出"意识形态无历史"这个论点是一个纯粹否定性的命题，这一论点包含两层意思：其一，意识形态是虚无的东西，因为它是纯粹的幻觉和想象；其二，意识形态没有历史，这显然并不意味着在意识形态中没有历史，而是意味着意识形态没有自己的历史，它只是对现实历史的苍白、空幻且颠倒的反映。就阿尔都塞的理论来说，他从结论上捍卫"意识形态无历史"这一结论，但却不同意马克思对这一论题所作的实证论的、历史主义的解释。

首先，在第一层含义中，阿尔都塞认为，马克思所理解的意识形态和弗洛伊德之前的理论家对"梦"的阐释是一样的，都把它们视为一种虚无、一种无用的结果。阿尔都塞认为，马克思在《德意志意识形态》中否定了意识形态的客观实存性，认为现实历史在意识形态之外，把具体的个人的历史看作唯一真实存在的历史。笔者认为，阿尔都塞在这里其实对马克思存在着一种误解。就马克思本人的思想而言，他并没有把意识形态看作像梦一样纯粹虚幻的东西，相反，马克思非常重视意识形态的社会作用。他强调意识形态的虚伪性，但并不是说意识形态是虚无的。对于第二层含义，阿尔都塞表现出了他对这一问题的结构主义的理解方式。阿尔都塞不同意马克思站在纯粹的否定性立场上来解释这一论题，而是从结构主义出发以肯定性的立场对这一论题进行了论证。阿尔都塞这样写道："意识形态的特征在于，它像一个非历史的实在，亦即一个全部历史的实在一样，具有自己的结构和功能。其意义在于，结构和功能是不变的，它始终以同样的形式出现在整个历史中。"在这里，意识形态的特殊性在于，它被赋予了一种结构和功能，以至于变成了一种非历史的现实，即在历史上无所不在的现实，只要人类历史存在，这种结构和功能就永远存在，不会改变。从这个意义上说，意识形态与弗洛伊德所说的"无意识"一样，是永恒存在的，它超越于历史。当然，这里所说的"永恒"和"超越"的含义并不是指超越所有的历史，而是指意识形态在整个人类历史发展过程中保持着某种不变的形式。

意识形态与主体建构

在西方语言中，有一个有趣的语言现象，就是一个词往往同时具有正反两方面的含义，这种语言上的多义性与含混性为哲学思考开拓了巨大的空间，哲学家往往会根据这种语言的双重意蕴展开饶有兴味的哲学分析。比如，法国哲学家德里达所提出的两个重要概念"supplement"（增补，既意味着增添又意味着代替）和"différance"（延异，既意味着差异又意味着延迟）就是其中最具代表性的例子。更远一些，马克思在写作《德意志意识形态和古典哲学的终结》时也以一种修辞化的方式对语言的这种两义性进行了巧妙运用。在其中，最为重要的"终结"（Ausgang）一词就同时具有"出口"和"尽头"的双重含义，它旨在说明一种旧哲学"终结"了，但却也由此成为另一种新哲学的"开端"。

在阿尔都塞的哲学中，有一个极端重要的概念"subject"就具有这种语言上的多义性。一方面，"subject"一词具有"主体"的意思，强调人的主观能动性；同时，"subject"又具有全然不同的另一方面的意思，即"臣民"的意思，这双重意义辩证地包容在一个单词中，使得这个词具有了解释的张力。

阿尔都塞正是抓住了"subject"一词的双重内涵展开他的哲学分析。在阿尔都塞看来，在具体的社会再生产的过程中，出于维持社会正常运转的需要，统治阶级往往会通过多种多样或强制或温和的方式，用本阶级的信念和态度去规训和培养自己所需要的"臣民"，复制并生产大批臣服于生产秩序和社会观念的个体。这意味着，人只是社会生产和生活结构的"人格化"，其本身要从属于社会的既定结构和秩序，远非无所不能的主体。但是，在资本主义社会，人道主义的意识形态宣传却以一种夸张的形式把人置于世界的中心地位，使人陷入盲目的自欺，相信自己作为"主体"的能力和力量。然而事实上，真正的主体不是人，而是决定着社会位置和功能的结构性规定，是生产关系以及政治的和意识形态的社会关系。人在实际生活中，在这些关系面前，不得不屈从于自己的"臣民"身份，个人只有居留、隶属于意识形态之中，才能作为主体来言说和行动，并得到他人的理解和认可。但另一方面，阿尔都塞也辩证地指出，意识形态的真正载体永远是人。如果没有作为主体而行动着的个人对意识形态的认同和贯彻，也就不可能有意识形态存在，意识形态只有深入人的头脑和心灵才能发挥作用。因此，意识形态必须使个人陷入这样的幻觉，即把自己想象为自由自在的主体，仿佛自己的行为完全是由自我决定的，任何外在的因素都无法支配自己。这一过程表明，人类的主体性地位也只是一种意识形态的建构，主体的范畴是由意识形态所构成的，意识形态的存在和把个体"召唤"或"询唤"为主体是一回事。

为了说明这种"主体"与"臣民"双重意蕴的辩证统一，阿尔都塞以基督教意识形态为例对之进行了说明。在基督教中，上帝作为唯一的、绝对的"主体"而与他的"臣民"相对立，具体地说，这种"绝对主体"身份之确立是通过对"臣

111

民"的召唤而达到的。上帝（耶和华）在云中对摩西喊道："摩西！"摩西回答道："我在这里！我是摩西，我是您的仆人，请您说话吧，我将聆听！"于是，上帝对摩西说："我是我所是（I am that I am）。"正是通过这样的表达方式，上帝把自己作为"主体"与作为"臣民"的摩西和其他人区别开来。在这里，"主体"和"臣民"是相对立并成对出现的。正如"主体"需要"臣民"一样，"臣民"也需要"主体"。当然，这个例子并不能完全说明意识形态对主体的建构，因为在这个例子中，"主体"和"臣民"分属两方。还有另一种更贴切的解释方式：上帝将自己的儿子即圣子耶稣抛入人间，通过这样的方式，绝对的"主体"把自己变为"臣民"，便可以通过"臣民"的眼睛和经验来确证"上帝"与"主体"的存在。在最终的审判之日，上帝的臣民将重新回归主的怀抱，重新返回"主体"。在这个例子中，"主体"和"臣民"是合为一体的，作为"主体"，他的信仰使他臣服于基督教的意识形态，自觉成为意识形态的"臣民"。

　　为了使自己关于意识形态的理论学说更加精致化，阿尔都塞还认真研究了法国心理学家拉康的理论，并依据后者提供的结构主义精神分析学说，把个体在意识形态中呈现出来的"主体—臣民"的双重角色称作"意识形态的双重镜像"——"依我所见，所有意识形态结构——比如奉独一无二之名把个体召唤为主体——都是映照，即都是镜像结构。而且这是一种双重映照：这种镜像的复制由意识形态所构成，而它又确保了意识形态的功能作用"。作为一种镜像，意识形态本身就是一种想象性关系，人在意识形态这一媒介的指引下，不可能完全达到对自我的清醒认识。意识形态只是一种媒介，真正的建构必须在主体内部进行，必须发挥主体本身的认识（recognition）、认同（identification）或误认（misrecognition）功能。在这里，问题的关键在于，主体并不是一个封闭的、已经彻底完成的静态物，而是处于不断裂变和重组的过程之中。主体总是不断地调整自身欲望，以趋向自己向往的对象，这类似拉康所说的"自我"向"象征界"不断认同的过程。意识形态的这种"双重镜像"功能意味着意识形态将无数个体召唤为主体，并通过主体自身与意识形态的共谋达到对主体的塑造。这是一个非常复杂的过程，阿尔都塞将其分为四个阶段：第一阶段，意识形态把个体看作"臣民"加以质询；第二阶段，个人接受意识形态的"召唤"，把自己归属于这一意识形态；第三阶段，共同从属于某一意识形态中的个体互相识别，并强化主体的自我认识；第四阶段，主体向自己所认同的想象性对象靠拢，并试图保证其他臣民们也是如此。这样，个体就已经从被动的"臣民"变为积极主动的"主体"，并陷入无限自由的幻觉中，他试图从这样的幻觉出发去理解自己和他人、自己和世界的关系，但却在无意识间被意识形态所捕获，成为其忠实的"臣民"。

第 10 章

更多的思想侧面

文艺理论与美学思想

作为一名马克思主义理论家，阿尔都塞将主要精力放在哲学与政治的讨论上，他很少公开就文艺问题发表自己的见解，在他的文集中，直接讨论文艺的文章只有三篇：《皮科罗剧团，贝尔多拉西和布莱希特（关于一部唯物主义戏剧的笔记，1962年 8 月）》《一封论艺术的信——答安德烈·达斯普尔》（1966年 4 月）和《抽象派画家克勒莫尼尼》（1966 年 8 月）。然而，即使在这为数寥寥的几篇文学评论中，阿尔都塞还是显示出了他过人的艺术批评与鉴赏才华，有评论甚至认为他对文学理论的影响甚至超过卢卡奇和萨特，这吸引我们对阿尔都塞的文艺理论观进行全面的了解。

《皮科罗剧团，贝尔多拉西和布莱希特（关于一部唯物主义戏剧的笔记，1962 年 8 月）》是阿尔都塞美学思想的诞生地。在这篇文章中，阿尔都塞用高度哲学化的语言对布莱希特的戏剧《我们的米兰》进行深入分析，以此探讨戏剧的唯物主义哲学原则和激进的文化革命立场。布莱希特是德国剧作家、戏剧理论家、导演、诗人。正如亚里士多德的悲剧理论影响了整个西方古典戏剧理念一样，布莱希特所提出的以"陌生化"为核心的史诗剧理论也影响了现代戏剧的发展进程。这种"陌生化"的核心在于剥去事件或人物性格中的理所当然、众所周知和显而易见的东西，从而制造出惊愕和新奇感。阿尔都塞很轻易地找到布莱希特这一理论的源头，那就是黑格尔在《精神现象学》中所说的，熟知并非真知。布莱希特通过将这些"理所当然""众所周知"和"显而易见"的成分从事件和人物身上剥离，去除了某种"熟知性"，在观众和舞台间建立了一种间隔。这种间隔截断了观众与角色在情感上的联系，但却使理性的判断力重新回到了观众中去。

在阿尔都塞看来，布莱希特的这种戏剧观具有里程碑式的意义。它使观众从对戏剧角色的依赖和遵从地位中摆脱出来，不再借助对英雄人生的体验和崇拜来体验自身生命的意义，从而促进了观众自我意识和批判意识的回归。阿尔都塞尤其赞赏布莱希特为达到"陌生化"这一艺术目的而采取的物质手段，如舞台设计的不对称性、对侧面和边缘地带的凸显以及对旁白的重视，认为这种不对称的、离心的结构对打破意识形态的镜像具有根本性的意义，对在观众和演出之间重新建立一种新型的批判关系具有至关重要的意义。阿尔都塞别出心裁地将布莱希特的戏剧理论称为"戏剧的辩证法"，这种"戏剧的辩证法"认为，要打破观众的日常意识，就必须从侧面或外部注入一些陌生化的物质方式，因此，真正的批判首先应该是真实的物质的批判。

《一封论艺术的信——答安德烈·达斯普尔》着重讨论了艺术和意识形态的关系问题。阿尔都塞认为，艺术的功能既不同于科学的认识功能，又与意识形态的社会职能保持距离。艺术的特征是"使我们感觉到""使我们看到""使我们觉察到"，这意味着艺术是对现实的一种能动的展示，它不是以认识和理论的方式让人们获得关于真理的知识，而是通过艺术加工的方式让人们"感觉到"和"看到"意识形态的虚假性。在这里值得注意的是，阿尔都塞并没有把艺术简单地归为意识形态，相反，他认为真正的艺术具有窥破意识形态并展现其内在矛盾的"祛魅"功能，这对于打破意识形态的枷锁、创造一种开放自由的精神空间具有重要的解放意义。

《抽象派画家克勒莫尼尼》是一篇运思精妙、文辞优美的美学论文，在这篇论文中，阿尔都塞对克勒莫尼尼绘画的分析堪于海德格尔对凡·高的《农鞋》的分析相媲美——"人们：他们最初曾有，而且现在仍然有他们的'物'的形态，也就是自然'物'的形态。石头的躯体和面孔，在它们的物体和姿态中显露出它们最初的'起源'……人们：凝固在他们的本质中、他们的过去中、他们的起源中，也就是他们的不在场中的存在物中。这种不在场使他们成为现在的样子，他们从来没有要求过生长，或问过为什么应该生活。'物'：那些工具、器皿、把内外分开的隔墙、空气的阴影、旧油漆的阴暗光泽、天空的清澈透明。'人'：由他们的客体的材料塑成，被这些材料围绕着，永远被它决定了：面孔受空气腐蚀了，被啃咬了，而且似乎被切割了（几乎是大部分面孔），姿态和呐喊凝固成永远不变的重力，这是时间对被还原在物质的永恒的人的嘲弄。"这种诗性化的语言风格在阿尔都塞的著作中是不常见的，我们似乎可以从中窥见到阿尔都塞严谨古板的文风背后的浪漫的一面。

当然，阿尔都塞对艺术作品的分析并不仅仅是一种美学的鉴赏或艺术的感悟，而是从哲学的角度对其进行阐释，同时强调艺术对于意识形态的批判作用。阿尔都塞认为，克勒莫尼尼画的画不是"对象"，不是"地点"，也不是"时间"或"时刻"，而是把对象、地点和时间都黏合在一起的**各种关系**。这种关系超越了具体的现实世界，把现实世界的各种不同时段的特征融合到一起，形成一种非时间性的结构和关系，因此，克勒莫尼尼不是一个抽象派画家，而是一个画出**实在的抽象**的画家。他所画的人的面孔的特征不是畸形，而是变形，它显示了不在场的真正存在，这显然是一种带有浓厚的结构主义风格的分析。

与精神分析学的同盟

阿尔都塞的一生，充满了曲折、痛苦和矛盾。其中，有来自家庭的压抑，有来自信仰的危机，还有来自政治的压力，但无论如何，精神上的疾病是困扰阿尔都塞最大的问题，给他带来了难以言喻的心灵创伤。阿尔都塞生前多次接受精神分析的治疗，为了使他从疯狂中解脱出来，至少每隔两年就得进医院治疗一次。为了反抗纠缠自身病痛，阿尔都塞开始主动研究精神分析的理论。他甚至清晰地叙述了他意识到的抑郁症的主题：他孤立无援，作为一个冒名顶替者，他充满忧虑。因为恐惧被抛弃而过度地依赖周围的人，渴望爱但却容易受到伤害，尤其是缺乏爱的能力。事实上，阿尔都塞的这一分析是完全符合他自己的情况的，可以说是相当的客观与公允。总体来说，阿尔都塞的这种研究具有双重意义：一方面，作为一位精神疾病的患者，阿尔都塞试图以精神分析为钥匙，剖析自己的人生经历，探解自己的思想状况和隐秘的精神世界；另一方面，作为一名哲学家和理论工作者，阿尔都塞对精神分析学说的发展和理论观点怀有深厚的兴趣，并随时准备把这一学说的最新成果应用到自己的研究领域，充实并发展自己独特的意识形态理论。

不仅如此，阿尔都塞还积极地把精神分析学说引介给巴黎高师的青年学生。1959年，他在高师给学生作了关于弗洛伊德精神分析学说的报告。1963年，拉康作为第二次世界大战后法国最有独立见解同时又最富争议性的精神分析师，因为其过于离经叛道的理论见解而被国际精神分析协会所驱逐，阿尔都塞及时伸出援手，利用他在高师的职位帮助拉康重整旗鼓，在高师开设关于精神分析的讨论会。1965年，阿尔都塞出版《读〈资本论〉》，提出著名的"症候阅读法"，无疑是在向精神分析学说的创始人弗洛伊德表示敬意——"我们只是从弗洛伊德才开始对听、说（或沉默）的含义产生怀疑；这种听、说的'含义'在无辜的听和说的后面揭示了完全不同的另一种语言即无意识的语言的明确的深刻含义。"1966年，阿尔都塞还曾就精神学说的理论问题给他的精神分析师勒内·迪阿特坎纳写信，然而后者对他的观点颇不以为然，这令阿尔都塞大为光火。当然，阿尔都塞与精神分析的"调情"也给他的政治生活带来不大不小的麻烦。因为，法国共产党曾经于1949年正式谴责精神分析，斥之为"反动的意识形态"。阿尔都塞不顾党内压力，在1964年发表著作《弗洛伊德与拉康》，在理论上公开表明对拉康的同情，显示出极大的理论勇气。

　　法国学者米歇尔·佩舒曾把阿尔都塞、拉康和索绪尔在理论上的亲密关系称为"三人同盟"。虽然作为语言学家的索绪尔对马克思主义不感兴趣，而拉康将自己的发现与马克思主义原理相类比也仅仅是为了让精神分析学派中的年轻人以及更具政治思想的知识分子熟悉他高度专门化的概念词汇，但是，阿尔都塞还是把拉康视为自己的战友，认为两人在共同与那些"伪心理学家"和标榜马克思主义的"伪哲学家"进行理论斗争。阿尔都塞认为，弗洛伊德在精神分析领域的革命与马克思在哲学与政治经济学领域的革命具有相同之处：马克思将其理论建立在对"经济人"神话的否定上，弗洛伊德则将其理论建基在对"心理人"神话的否定上，而自己和拉康正是真正理解这种理论的"断裂"的人。因此，他在与拉康的通信中坦率地对这位心理学家说："你是……从理论职责上给予弗洛伊德恰如其分评价的第一位思想家……正是这一点促发了我对马克思的思想……及其理论形式的评价，我意识到自己已近于理解你了。"

在自身理论的建构上，除了"症候阅读法"明显地受到弗洛伊德关于"无意识"的学说的启发之外，阿尔都塞的意识形态理论也大量吸收了拉康精神分析学说的精华，尽管他误解了拉康学说的许多重要方面。阿尔都塞最感兴趣的是拉康关于"镜像阶段"的理论分析。"镜像阶段"描绘的是人的心理发展的一个重要阶段，拉康以 6~18 个月大的婴儿为研究对象，认为正是在此阶段，一个 6~18 个月大的孩子能够从镜子里认出自己的形象并感到极大的欢欣鼓舞。因为，镜子中的这个形象整合和代表了孩子在现实生活中的形象，但同时，这一形象也代表着一个想象性的他者，它是孩子想象中的理想形象。孩子正是依据镜子中的这一形象反观自身，确立自身的边界并在想象中建构自我形象。从这个意义上，小孩通过镜子而形成的自我判定其实也是一种异化，一种误认。阿尔都塞巧妙地将拉康这一理论与意识形态的操作以及主体的构成"缝合"起来，指出所有的意识形态都是通过主体并将具体的个体作为主体来"召唤"或"询问"。与孩子对镜像的误认相仿，在现实生活中，人们实际上承担着由意识形态的国家机器（家庭、教育和文化）所赋予的社会角色、身份和职能，但在表面上却被构造成一个好像自由的行动者去生活，被生产成一个好像未受生产制约的人去行动，而人的内心也确实把自己看作无拘无束的主体，这难道不是一种误认吗？

由此看来，阿尔都塞对精神分析的兴趣主要来自其理论上的反人道主义立场。在《弗洛伊德与拉康》的结尾，阿尔都塞具体解释了精神分析学对他的启示："人类主体是偏离中心的，是由一种没有'中心'的结构组成的……这即是说，在意识形态的建构中，自我'认识'了自身。"可以说，正是借助弗洛伊德的这种无意识理论以及拉康的镜像说，阿尔都塞充实并完善了自己的意识形态理论，提出诸如"意识形态无历史"（弗洛伊德关于无意识的"非时间性"的论述）、"家庭意识形态"（弗洛伊德和拉康关于父—母—夫妇—儿童等家庭关系的论述）、"意识形态对主体的质询"（拉康的"作为自我之功能形成的镜像阶段"）、"意识形态是人类和他们的真实生活条件之间的现实关系与想象关系的多元决定的统一"（拉康关于实在界、想象界和象征界的划分）等著名论断。

　　不得不指出的是，阿尔都塞和拉康无论在个人性格和理论立场上都存在较大差异：阿尔都塞固执执着、孤独内向，而拉康则意气风发、桀骜不驯；阿尔都塞坚持马克思主义的立场，视马克思为自己理论的目的与归宿，拉康对马克思的理解则更多地出于一种策略性的考虑，将其视为一种吸引听众的工具和手段。不仅如此，就精神分析学本身而言，阿尔都塞与拉康的理解也表现出很大差异，对于拉康来说，阿尔都塞对他的理论在很大程度上是一种"误解"，而阿尔都塞则对拉康的某些观点和理论表示怀疑。这些都预示着二人同盟的破裂。1980年3月，阿尔都塞参加了拉康在圣雅克街PLM酒店举办的会议，作题为《在被分析者的名下》的报告，公开表达对拉康的不满。3月16日，他应雅克-阿兰·米勒的邀请写了《致团结在雅克·拉康周围的被分析者和分析者的公开信》，再度对拉康提出批评。随后，阿尔都塞又写作了《关于1980年3月15日圣雅克街PLM酒店集会的补充评论》，两人的同盟关系至此宣告破裂。

对 18 世纪法国哲学的评论

早在 20 世纪 50 年代，阿尔都塞就开始在巴黎高师讲授 18 世纪法国哲学。他对孟德斯鸠、卢梭、孔多塞和爱尔维修等人的思想进行过系统的研究。1959 年，阿尔都塞发表了专著《孟德斯鸠、卢梭、马克思：政治和历史》，获得高度好评。1972 年，这部书的英文版问世，从而使阿尔都塞关于 18 世纪法国哲学的研究在英语世界产生广泛影响。当然，在对这些思想先贤的研究中，阿尔都塞也从自己的哲学立场出发，表达了个人的好恶。他偏爱孟德斯鸠，认为孟德斯鸠是现代政治科学的奠基人，而对于卢梭的人道主义，阿尔都塞则评价不高。他曾经运用"症候阅读法"对卢梭的代表性著作《社会契约论》进行解读，指出"社会契约"的种种错位，从而揭示出卢梭理论的内在矛盾。

阿尔都塞高度赞赏孟德斯鸠在他的政治哲学著作中所进行的方法的革命，认为尽管柏拉图在很久以前已经宣称政治学是科学的对象，并且写作《理想国》和《法律篇》来验证这一点，但是柏拉图的思想只是出自某种信念，并没有采用科学的形式。现代思想家如博丹、霍布斯、斯宾诺莎等重拾柏拉图政治哲学的话题，但是，这些现代哲学家业已经历了现代数学和物理学知识的革命性变革，他们意识到可以像研究自然科学一样研究人。但只是到了孟德斯鸠，才开始把全体人类的风俗和法律作为自己研究的对象。孟德斯鸠的目的是建立一门政治科学，但他的方法并不在于探寻事物的本质，而在于发现每个社会的运行法则。这使得孟德斯鸠不仅继承了前人的研究主题，同时也避免了他们研究中出现的过度抽象的缺点。孟德斯

121

鸠并不主张用一个简单的原则解释人类行为和道德上的巨大差异，用一个简单的原因说明人类的某些非理性行为，相反，孟德斯鸠的研究是具体的，强调对个别情境的研究。除此之外，孟德斯鸠还用一种简单的方法驱逐了关于法的传统观念。孟德斯鸠认为法是一种关系，这种关系覆盖了所有存在物，从上帝到石头都要遵从自然的法则。不仅神有法则，物理世界也有法则；不仅人有法则，动物界也有法则。上帝也许是世界上的"第一推动者"，是规则的创立者，但他本人也要服从法的规则。孟德斯鸠拒绝用宗教和道德的教条解释政治，坚决反对将政治学置于宗教和道德学说之下。他认为，为了使政治学成为真正的科学，就必须按照它自身的规则对其进行解释，而不需要借助宗教和道德的原则。阿尔都塞认为，孟德斯鸠的方法蕴含着革命性，它解构了上帝至高无上的权威，对于孟德斯鸠来说，他的目标并不是说明具体的法则，而是在于确立法的精神，只有确立了法的精神，人类世界才能像物理世界那样便于管理和统治，并根据各种关系的变化调整现有的法则，这正是真正的科学精神的体现。

与孟德斯鸠不同，卢梭的政治理论遵从的是另一条思想路线。卢梭的思想彰显道德维度，抵制科学主义。卢梭认为，失去道德约束的科学理性，充斥着物质利益的计较盘算，只会使人在"异化"的道路上越走越远，最终失去做人的尊严和崇高。于是在理论上，卢梭更倾向于道德理念说，试图以道德情感取代科学理性。这样一来，在阿尔都塞的眼里，卢梭与孟德斯鸠就分别代表了两种不同的理论立场，这两种立场最大的分歧就在于他们对科学与道德关系持迥然不同的观点。卢梭的政治理论走的是伦理学的路线，孟德斯鸠的哲学则依据科学理性的原则，反对"虚假"的道德关照。阿尔都塞一向反对理论上的人道主义和道德主义，在他看来，以"虚幻的自我"为中心的人道主义在本质上是一种意识形态的说教，在历史观上属于伦理政治的唯心主义，它的思想逻辑是以彼岸的理想世界设定此岸的现实世界，从而充满了非现实性的观念和空洞的期待。在现实效果上，这种所谓的人道主义只能阻碍人们对真实世界的认识，并不能充当个体改造社会和实现真正解放的理论基点。只有破除一切意识形态的混乱、幻想和错误，才能创生出科学的理论。为了批判人道主义的理论形态，阿尔都塞以卢梭的《社会契约论》为对象，对其进行了"症候式的阅读"，力图揭示其背后所隐约的意识形态的虚假性。

在阿尔都塞凌厉目光的审视下，卢梭的《社会契约论》暴露出难以解决的矛盾。阿尔都塞发现，"社会契约"实际上存在着两根链条，一根是解决问题的链条，一根是错位的链条。前一根链条是可见的，后一根链条则是不可见的。不可见的链条存在于昏暗的场合，但却是可见场合的结构的必然要求，甚至可以说，正是后一根不可见的链条使得第一根可见链条在理论上成为可能。这根错位的链条表现在：（1）契约双方身份的错位。契约是甲方和乙方之间的交易行为，所有契约的接受双方都应先于并外在于订约行为而存在。但就卢梭的社会契约而言，作为共同体的乙方在契约之前并不存在，因为它本身是契约的产物。因此可以说，在卢梭的契约论中根本就没有第二者，乙方和甲方是一回事。（2）全部转让和有利可图的交易之间的差异。在卢梭的最初设定中，甲方需要"全体转让"除了"自由"之外的一切，因为只有"全体转让"才能对抗"总体异化"，从而达到道德上的完善。但在契约的实际操作中，有利可图的交易原则却超越了道德要求而成为实际原则。因为只有取回比他所献出的更多的东西，人们才会对契约产生兴趣。（3）特殊利益和普遍利益、特殊意志和公意的错位。卢梭认为，普遍利益是特殊利益的共同点，每个特殊利益中都包含有普遍利益，每个特殊意志中都包含了公意，这就意味着公意是不可摧毁的、不可转让和永远正确的。但事实上，在卢梭的著作中，他却玩了一个文字游戏，就是用同一个名称既称呼每个独立个人的特殊利益，又称呼社会集团的特殊利益。而第二个利益乃是集团、阶级或党派的利益，而并非每个个人的利益。这种特殊利益和普遍利益、特殊意志和公意的错位标志着单独的个人和社会集团在理论地位上的差异被否认了。（4）错位之四完全是"实践的"，即在意识形态方面的超前与在经济方面的倒退。卢梭区别了政治法、民法和刑法，但他认为，在这三种法律之外，还要加上一个第四种，这第四种法是一切法律之中最重要的一种，因为这种法律既不是铭刻在大理石上，也不是铭刻在铜表上，而是铭刻在公民的内心里，它形成了国家真正的宪法，这就是道德、习俗和舆论，它是所有法律之上不可动摇的拱心石。这是一个崇高的道德理想，然而在现实层面，卢梭却无法提出有效的保证手段。他致力于杜绝已有的经济不平等的后果，杜绝人们天然的等级——豪富与赤贫，然而，卢梭的解决手段却是在经济上倒退到由封建生产方式解体而形成的独立的小生产者和城乡手工业这种落后的生产关系中。

就这样，阿尔都塞用一种条分缕析的方法对卢梭的"社会契约"进行了细致深入的揭示。他从社会契约的签订双方入手，发掘甲方与乙方在契约地位上的错位，进而继续拉出错位的链环，在社会契约的运行机制中发现偏私的利益与超越的道德之间的错位，单独个人与社会集团的错位以及不可能实现的道德实践与经济实践的错位。阿尔都塞指出，正是这些"理论错位"构成了卢梭契约理论的悖论性，从而彰显了所谓的人道主义的理论悖谬。

马基雅维利的孤独

标新立异的理论家的孤独是经常出现在阿尔都塞著作中的一个母题：马克思、弗洛伊德、马基雅维利和斯宾诺莎共同组成神圣的殿堂，展示出孤独的个体如何在理论创建的孤寂中挣扎着生产出他们的概念。而马基雅维利就是其中最为落寞的一位，无论在生前还是在身后，这位思想家都遭遇到人们的误解和冷遇。尽管如此，阿尔都塞却对他表现出极大的兴趣，并且高度赞赏这位思想家的理论成就。

事情的最初源头可以追溯到 1961 年夏天。当时，阿尔都塞在意大利旅游，由于某种机缘，他结识了意大利女学者弗兰卡·玛当妮娅，并通过后者"真正体验了"马基雅维利的思想。1962 年和 1972 年，阿尔都塞两次在高师开课讲授马基雅维利。1986 年，在医院住院期间，他依然笔耕不辍，奋笔写了《哲学家马基雅维利》一文，并修订《马基雅维利和我们》。他计划把对马基雅维利、斯宾诺莎和法国左翼政治的评论梳理起来，写了《真正的唯物主义传统》一书。1990 年，在身体状况极度恶化的情况下，阿尔都塞坚持在《未来在前》杂志上发表了修订版的《马基雅维利的孤独》。可以说，对马基雅维利的兴趣贯穿了阿尔都塞理论生活的始终。在漫长的三十年间，他一直对马基雅维利保持着理论的关注，并随时准备把自己关于马基雅维利的理解奉献给世人，这对于一位对自己的著作持异常谨慎态度的思想家来说是颇不寻常的举动。

阿尔都塞在亚眠的"答辩词"中承认，正是马基雅维利提供给他理论实践的方法准则，那就是必须极端地思考，这意味着一切中庸的肤浅论调都不再可能，理论家只能选择一个极端的立场进行思考。或者说，为了使思想成为可能，必须寻找一个政治的立脚点。马基雅维利为了使他的国家有所改变，也为了改变他的读者的思维方式并激发他们的实践意志，用他的"新君主论"推翻了以往政治哲学的道德论立场，开创了特立独行的政治哲学传统。这对阿尔都塞具有非常重要的启示意义。在阿尔都塞自己的理论生涯中，他也在有意识地"极端地思考"着一些他认为重要的观点，这是因为，在单纯的观念背后总是隐藏着某些权力和力量，为了迫使观念发生改变，就必须用一种能够破坏其中的权力的反作用力，而要做到这一点就需要将理论推向极端。

在晚年，阿尔都塞日益明确而集中地提出，马基雅维利属于"一个在哲学史上几乎完全不被认可的唯物主义传统"，他借用德·桑克斯的话评论马基雅维利："他让我们惊奇，他教我们沉思。"对于阿尔都塞而言，马基雅维利是一位史无前例的理论奠基人，他既揭示了事物实际上的真相，又揭示了从古代和基督教世界继承下来的那些表述的想象性质，因而具有极强的理论吸引力。在阿尔都塞看来，马基雅维利的著作表述了一个真正的"开始"。那就是对历史、对统治者、对支配和对战争的艺术的真正的理解的开始。他极为欣赏马基雅维利的一句名言："我觉得最好去表述事物在实际上的真相，而不是它们的想象方面。"对于阿尔都塞来说，科学话语的客观性和普遍性不是基于想象，而基于真正的现实，马基雅维利的现实性就在于他有胆量提出并探讨当时真实存在的政治难题：通过民族国家而形成民族统一体这个具体实践的政治难题。马基雅维利并不是从一般意义上考虑政治问题，而是在考虑所有的决定性因素、所有现存的具体情况之后提出的有针对性的理论学说，因此，阿尔都塞称马基雅维利是"第一位谈论形势的理论家"。

但是，另一方面，阿尔都塞也不无遗憾地指出，马基雅维利没有写过能和《共产党宣言》相提并论的文本。《共产党宣言》作为一个政治宣言，同时也具有理论的深刻性和演说的煽动力。马克思和恩格斯在《共产党宣言》中不仅分析了欧洲所处的社会和政治形势，提出了社会革命的问题，而且确定了为解决这个难题而必需社会的力量，这个力量就是无产阶级政党领导下的工人阶级。相比之下，马基雅维利的《君主论》就不是这样。它虽然是革命的，但又是乌托邦的。说它是革命的，是因为它提出了创建民族国家的任务，并从人民的观点出发提出了这个议题。说它是乌托邦的，因为马基雅维利过于相信局势，并且把代表人民利益、实现民族统一的使命托付给一种不可事先确定的个人。

偶然相遇的唯物主义

阿尔都塞晚年致力于建设一种保卫马克思的哲学，也就是说，他试图重建马克思主义的唯物主义，剔除历史解释中的唯心主义成分，抛弃任何形式的哲学本质论和历史目的论，代之以"偶然相遇的唯物主义"。

阿尔都塞首先对传统的哲学观念尤其是那些被认为是"唯物主义"的哲学观念进行考察，他认为，传统的哲学"作为关于整体的科学，也就是说，它包含一切事物……哲学……认为它具有一种不可替代的使命有待完成。这个使命就是说出有关于人类实践和观念的全部真理。哲学认为……如果它不存在，那么世界就将失去它的真理性……世界若要存在，就必定要寻找言说的真理。这个真理就是逻各斯，或起源，或意义"。这就是说，传统的哲学观把哲学看作是"存在的大全"和"世界的真理"，是"逻各斯"，是关于起源与意义的"言说"。依照这种观念，整个哲学史沿着两条线索展开：一条是唯物主义，一条是唯心主义，虽然两条线索的根本立场是对立的，但在具体要素上却不乏相互交织与借鉴。对于唯心主义来说，它明确地表达了对起源与终点的关切，但对于传统的唯物主义包括那些直接导向马克思、恩格斯和列宁的唯物主义哲学来说，这种对起源与终点的关切则以本质论、必然性和目的论的形式表现出来，它认为世界本质上是物质的，受到客观必然性的支配，并最终会达到某种目标，这在本质上仍然是假定意义优于一切现实的逻各斯中心主义的变体，是一种伪装的唯心主义。

与那种关于本质、理性、起源和目的的哲学相反，阿尔都塞认为存在着另外一个唯物主义的哲学传统，这一哲学传统偏爱分散和紊乱，强调起源的虚无性，阿尔都塞称之为"唯物主义的潜流"（the underground materialism）。在阿尔都塞的晚期作品《相遇的唯物主义潜流》中，他曾简单勾勒出这一"潜流"的谱系，其中包括伊壁鸠鲁、斯宾诺莎和马基雅维利，甚至还包括尼采、海德格尔和德里达等人。对于阿尔都塞而言，他的这一谱系学考察只不过是一部试图唤起大家注意马克思本身所蕴含内容的歌剧的序曲。然而可惜的是，序曲刚刚奏完，阿尔都塞就撒手人寰，没能演奏完整个剧目。

即便如此，依据阿尔都塞留下的断简残章，我们可以分别从"偶然""相遇"和"唯物主义"三个方面对"偶然相遇的唯物主义"所蕴含的哲学精神进行解析。

第一个关键词："偶然"。

在哲学上，"偶然"是与"必然"相对立而出现的范畴。"必然"是指客观事物联系和发展的合乎规律的、确定不移的趋势，是在一定条件下的不可避免性和确定性。所谓"偶然"，则是指事物在发展过程中呈现出来的某种摇摆、偏离，是可以这样出现又可以那样出现的、不确定的趋势。伊壁鸠鲁是西方哲学史上最早对偶然现象进行阐释的哲学家。在自然观上伊壁鸠鲁认为，在虚空中不断运动着的原子是万物的基础，原子在虚空中的运动，不仅有直线降落和互相冲击两种形式，还有脱离直线的偏斜运动。这种偏斜运动表示原子具有某种独立的性质，它可以散落于任何地点，并不具有必然的归宿。

事实上，关于原子偏斜运动所代表的哲学意义，马克思在他的博士论文《德谟克利特的自然哲学和伊壁鸠鲁的自然哲学的差别》中就已经进行过深刻的阐释。在这篇论文中，马克思细致考察了德谟克利特和伊壁鸠鲁的自然哲学之间的差别，批评了德谟克利特否定偶然性存在的决定论或预定论，赞赏伊壁鸠鲁对绝对必然性的否定，并把伊壁鸠鲁哲学看作是理解希腊哲学的真正历史的钥匙。与马克思在博士论文中的观点相一致，阿尔都塞也强调原子的偏斜运动。在《潜流》中，阿尔都塞通过伊壁鸠鲁的哲学表明，世界的起源是偶然的，它源于原子不知何时、何地发生的一次微不足道的偶然的偏斜。并且，当真空中的原子垂直下落、相互碰撞、堆积并发生微小的偏转时，这个世界的秩序形式和存在形式也会发生改变。

第二个关键词："相遇"。

从伊壁鸠鲁的原子论出发，阿尔都塞解释了相遇对于世界存在的意义。阿尔都塞认为，相遇是世界万物存在的根本原因，如果没有原子间的偶然偏斜所引起的相遇，那么世界就只能是抽象的原子的平行降落，便不可能产生宇宙万物。只有通过相遇，才能产生种种意想不到的后果，形成多姿多彩的世界。当然，两个事物或两个体系的每次相遇都是偶然的，这种偶然性表现在不仅它的起源而且也包括它的结果都是不可预定的——"每个相遇可能并不发生，尽管它确实已经发生；它的可能的不存在性使其偶然存在的意义清楚地显现出来。每次相遇就它的结果而言是偶然的，在相遇的要素中没有什么可以在实际的相遇发生之前被预测，存在的轮廓和核心都将在相遇中浮现出来。"这也就是说，相遇纯粹是偶然的，它不具有任何目的性，并有什么因素可以保证相遇一定会发生。在这里，"相遇"只是一种"不得不发生的过去不定式"。说它"不得不发生"，是因为在某时、某地一定会有某种相遇发生，这一"发生"具有现实性，它的存在本身是确定无疑的；说它是一种"过去不定式"，是因为尽管已经发生，但在发生之前，人们却不可能对这次相遇的时间、空间、主体和结果进行任何预测，它始终处于不可确定的状态。

不仅如此，阿尔都塞还用"相遇"的概念解释资本主义生产方式的形成，他甚至认为，马克思的《资本论》的研究主题是历史偶然论作用下的资本主义生产方式的形成史。阿尔都塞是这样论证的：首先，作为资本主义生产方式的构成要素（拥有资本的资产阶级、除了劳动力之外一无所有的劳动者以及生产资料与生产工具等）都各有其独立的发展历史，是自己历史发展的产物，它们像伊壁鸠鲁所说的原子一样在虚空中飘落，本身并没有任何必然的方向。但是，正是在这一飘落过程中，资产阶级和无产阶级以及一切资本主义生产所需要的生产要素相遇了。其实，在这次相遇之前，资本主义的生产方式已经有所萌芽，资产者和无产者就曾经相遇过，但之前的相遇只是一种偶然的、暂时而并非持久的相遇。只有随着历史的发展，资本、生产资料、生产技术（工具、机器以及生产经验和技术技巧）和生产者不断积累，各种要素持续不断地相遇，才能形成稳定的资本主义结构，也只有在这个基础上，马克思才能探讨关于价值与剩余价值以及资本主义生产与再生产的规律。如果没有基于诸要素的偶然相遇所产生的既定事实，就不可能表述资本主义社会生产的规律。最后，阿尔都塞指出，长久以来，人们一直从本质论的角度来理解生产方式，认为马克思历史唯物主义哲学的最本质内容就是发现了人类社会发展的一般规律，即生产力与生产关系的矛盾运动，以及由这种矛盾运动所推动的人类社会从低级阶段向高级阶段发展的必然结论。在阿尔都塞看来，马克思本人已经清楚地意识到资本主义生产方式产生的偶然性，但出于共产主义意识形态的理论目的，马克思故意放弃了历史偶然论的逻辑线索，并使这种"偶然相遇的唯物主义"成为马克思唯物主义传统中的"潜流"。

第三个关键词："唯物主义"。

阿尔都塞把历史看作是一个无主体的过程，认为历史唯物主义的对象是社会历史的结构及其要素之间的多元决定的关系。面对国际共运的失败以及 1968 年法国"五月风暴"的冲击，阿尔都塞对传统马克思主义历史解释框架中关于社会发展的必然规律的理论表示深深的怀疑，他对那种依据政治立场规划历史发展逻辑的目的论的唯物主义表示不满，试图超越唯物主义与唯心主义的简单对立，重新清理哲学史，建立一种新的唯物主义哲学。

为了说明"目的论历史主义"与"偶然相遇的唯物主义"的不同，阿尔都塞曾经提出一个"火车"的比喻："当唯心主义哲学家在乘火车的时候，他早就知道始发站和终点站，早就知道行程的开始和结束，就好像他知道人类、历史、世界的起源和命运一样。与之相反，唯物主义的哲学家则像美国西部片中的英雄那样，是中途跳上'疾驶的火车'的人。当一列火车在他面前通过的时候，他可以与它擦肩而过，不与之发生任何联系，或者，他也可以跳上这辆正在行驶的火车。这样的哲学家，他并不知道起源、第一原理和目的地。他登上行驶的火车，找到合适的位置坐下，与车厢中的其他旅客聊天。他见证着一切，却不能预言将要发生什么，一切都将以一种不可预见的方式偶然相遇……"在这里，唯物论者并不像唯心论哲学家那样，通晓所有意义的起源与目的，他无法在历史发展的过程中预言它的终结，只能在历史不断发展的各个结构化的共时性阶段思考历史发展的各种可能性，这也就是为什么阿尔都塞在"偶然相遇"之后要加上"唯物主义"一词的原因。在这里，"唯物主义"绝不是指构成世界的本原与基础的物质性因素，而是指一种实践原则和一种现实主义的行为方式，它强调在具体的现实情境中思考解决问题的方法，而不是依靠目的论和道德主义的意识形态言说为自己的合法性作辩护。对于"偶然相遇的唯物主义"而言，真正的认识论问题是开放性的，它允许各种各样的解决方案，但它只承认事实本身的价值，反对目的论预设。

第 11 章

变故与毁誉

悲剧性的一幕

1980 年 11 月 16 日上午 8 点多，阿尔都塞突然身穿长袍和睡裤从他的屋子跑出，来到高师的广场，嘴里高声尖叫："我的妻子死了，我的妻子死了。"他一边四处乱跑，一边大声尖叫，处于一种极端混乱和疯狂的状态。巴黎高师的驻校医生立即赶到现场，他发现海莱娜确实已经死去。而那时，阿尔都塞仍在校园里边跑边喊："我杀了我的妻子，我掐死了她，我杀了她。"许多人驻足围观，不知发生了什么事情，也不知道应该采取怎样的行动。

医生找到校长并告诉他，必须打电话报警。大家都知道阿尔都塞有多年的精神病史，所以，校长除了打电话给警察局之外，还做了一些其他的事情。他向学校里的重要人物征求意见，询问事情应该如何处理。征求意见的结果是，阿尔都塞应该被立即送往圣安妮医院，因为他曾经在那里接受过多次精神疾病方面的治疗。这样，当地方警察赶到时，阿尔都塞已经在十分钟之前乘坐救护车离开了。

起初，警方并没有在死去的阿尔都塞夫人的颈上发现掐扼的痕迹，屋子里也没有任何暴力的迹象。看起来，似乎是阿尔都塞由于对妻子的突然死亡的过度惊惧而导致一种幻想，认为他不应该对这一事件负责。但是，仅到了第二天，法医的鉴定结果就发现，海莱娜事实上是被扼死的，因为她的气管被外力捏碎了。

地方法官立即开始着手调查，他在11月17日夜晚启程前往圣安妮医院，目的是为了通知阿尔都塞已经被指控"故意谋杀"。但是，在医院法官被告知，阿尔都塞已经处于一种精神彻底崩溃的状态，完全不能理解法律程序，更加不能适用于任何刑事规程。法官别无选择，只能任命了一个由三位精神病专家组成的小组，由他们对阿尔都塞的精神状态进行彻底检查。两个月以后，专家们的报告出来了，阿尔都塞的精神的确出现了严重问题，于是，法官宣布不再对此事进行进一步的司法调查与诉讼。

法官的这一决定让那些一直期盼着一场精彩审判的人大为失望，因为在此之前，一些报纸和媒体已经兴致勃勃地谈论这样一个审判场景：法国最富争议的马克思主义哲学家将会站在被告席上，而法国当代最富争议的心理学家雅克·拉康将作为辩方证人出现在法庭上。这的确是一个具有戏剧意味的场面，然而，想象中的这一切并没有发生，阿尔都塞缺席了审判，而拉康也没有到庭。当法院作出的"非诉讼的决定"被宣布之后，人们在失望之余发出了更多的抱怨。有人指出阿尔都塞的共产党员身份，认为执政政府对知识分子持怀柔政策是过于软弱的表现。因为毕竟戴高乐总统本人曾经下达命令，让-保罗·萨特不得遭受警察的骚扰，而后者在各种场合都表现出对政治权力的挑衅和蔑视。人们认为，阿尔都塞也是因为他特殊的知识分子身份而受到权力的保护，这使得他在杀掉自己的妻子之后仍然能够顺利逃脱惩罚。还有一些人显然更加同情事件中的被害者而不是那个仍然活着并且生活在巴黎的杀人者，尽管他们也承认阿尔都塞的状况的确很糟。同时，右翼分子也没有放过这一嘲讽和攻击马克思主义的机会，《太阳报》和《时代文学副刊》大肆宣扬"马克思主义＝疯狂＝谋杀"，对于他们来说，1980 年发生的杀妻事件为他们的攻击增加了"宝贵"谈资和"确凿"证据。

事实上，谁也不知道在那个初冬的清晨究竟发生了什么事情，但根据阿尔都塞自己的回忆，一个类似电影镜头般的叙事向我们展开了这悲剧性的一幕，其中甚至包括各种情景和细节：11 月灰色的光线，高高的落地窗，淡淡的阳光斑驳地照在床上，老旧的红色窗帘透着过往的气息，妻子斜躺在床边，阿尔都塞给她按摩，他把手掌连成"V"字，从胸骨顶端到耳朵，如此反复。一切都似乎很正常，很安谧。突然，阿尔都塞发现妻子的双眼长时间瞪视着天花板一动不动，而她的舌头正在以古怪的、缓慢的方式在牙齿和嘴唇间显露出来——海莱娜死了，被他扼死了。他慌张地去找高师的医生埃梯纳，把他拉到自己的房间。医生在检查了海莱娜的身体之后，告诉他一切都已经太迟了。望着死去的妻子，阿尔都塞想起了他们共同的朋友雅各·马丁。1964 年 8 月的一天，马丁在十六区的一间小小的卧室自杀，他伸展着身体躺在床上，胸膛上放着一枝鲜红的玫瑰花。于是，阿尔都塞情不自禁地扯下窗边的红色窗帘，将它斜披在妻子身上，从右肩到左胸，以此表达对妻子的哀悼。随后，阿尔都塞被医生注射了一针镇静剂，并在医生的带领下穿过自己的办公室——那里，许多人在搬动他从高师图书馆借来的图书。他被带到圣安妮精神病医院，从此沉入了黑暗之中。

婚姻与疾病

阿尔都塞与海莱娜相识之初，两人都处于人生的最低潮：阿尔都塞刚刚从战俘集中营获释，事业和前途看起来非常渺茫，海莱娜在战争中失去了挚爱的男友，她生活潦倒，甚至连赖以为生的工作也没有。两个人在这样困顿的境遇中相遇，彼此同病相怜，由于相互同情而激发出爱的情感。然而，两个人的情感之路却不并顺畅，对于从小严格遵从天主教教义，并因为母亲的受难者形象而心灵深受伤害的阿尔都塞来说，与海莱娜的第一次性关系令他充满罪恶感并导致精神崩溃。心灵的阴影和疾病的威胁时刻笼罩在阿尔都塞与海莱娜的婚姻之中。他们曾经共同陷入疯狂的性爱，但在阿尔都塞的内心深处，这似乎只是当年父亲对母亲的暴力和激情的重演。在自传中，阿尔都塞站在精神分析师的角度，把这种来自性的兴奋与愉悦看作是他精神躁狂症的一个症候，因为在这种兴奋之后，随之而来的便是深深的沮丧。

对于阿尔都塞来说，他一生都对"爱"持有一种矛盾的态度：一方面，他渴望得到他人的爱，另一方面，他又对自己爱的能力有所怀疑，认为自己无法回报来自他人的爱。对于海莱娜呢？他的感情同样处于分裂的状态中：一方面，海莱娜的爱让他似乎找到了失落的母爱，另一方面，这种爱情中的"恋母情结"以及童年的创伤又使得阿尔都塞对海莱娜产生了一种下意识的反抗与厌恶。也许是由于海莱娜比自己年长的原因，阿尔都塞总是感觉没有与年轻姑娘交往是一个缺憾。他经常带一些姑娘回家与海莱娜见面，并希望听到后者的评价和许可。对此阿尔都塞坦言，这些姑娘具有海莱娜所不能给予自己的一切——年轻的身体，没有经过任何苦难的无瑕的外貌，这些都是阿尔都塞梦寐以求的东西。在相识之初，阿尔都塞就当着海莱娜的面与别的姑娘调情。在此后漫长的生涯中，阿尔都塞还经常做出一些使海莱娜恼怒和愤慨的事情，在多数情况下，阿尔都塞是故意挑衅的。

有一次，一位政界朋友带着一个漂亮女孩拜访阿尔都塞。在餐桌上，阿尔都塞故技重演，当着朋友和海莱娜的面向女孩大献殷勤，甚至对女孩动手动脚。饭后，他把写作的手稿交给朋友阅读，自己却带着女孩到海里裸泳。海上风浪很大，两人差点淹死，而不会游泳的海莱娜看着两人危险的游戏，极度痛苦和担忧，精神几近崩溃。她大骂阿尔都塞："你真卑鄙！我们之间的一切都结束了！我再也不想见到你！我再也不能忍受和你生活在一起！你是一个胆小鬼！一个没用的家伙！"在这一刻，阿尔都塞被海莱娜的容颜所打动：她的脸被苦难所雕刻，脸上和颈上的皱纹因痛苦而显得僵硬。此后，夫妻俩对此事绝口不提，但无疑，此事对阿尔都塞与海莱娜的夫妻关系的伤害是沉重的。

此外，在躁狂症发作期间，阿尔都塞还会做出许多举动，令海莱娜烦扰不堪。在发病期间，一切都仿佛变得不可思议，所有的事情对阿尔都塞来说都似乎可以轻而易举地办到。他在商店里偷东西，并将赃物拿回家炫耀，他甚至计划去偷海军部队的核潜艇。这些事情使海莱娜焦虑恐慌，总是有一种不安全感，心情很难平静。在 1974 年到 1975 年间，海莱娜的精神问题变得越发明显。在一年半的时间里，她每周都要拜访精神分析师，进行面对面的心理调节。由于某件小事，海莱娜放弃了这个精神分析师的治疗。于是，在阿尔都塞的恳求（实际上是以自杀相要挟）下，他的精神分析师开始为海莱娜治疗。也就是说，阿尔都塞和海莱娜咨询的是同一位精神分析师。这真是一个奇怪的家庭。

从 1979 年年底，阿尔都塞的病情变得越来越严重。他时常跌倒并呕吐，不能控制自己的身体，意识也陷入混乱之中。他时常语无伦次，被梦魇所困扰，分不清梦境与现实。在海莱娜眼里，阿尔都塞变成了一个"怪兽"。她下决心离开他，并开始寻找新的公寓。在家里，她无视他的存在，拒绝同他讲话，把自己锁在房间或者关上厨房的门，拒绝和他一起进餐，甚至躲避他，不和他面对面直接相处。后来，海莱娜又滋生出自杀的想法。她收集药品，并将它们陈列出来。她向他讲述自杀的种种方式如跳楼或卧轨。总之，她在向阿尔都塞表明，最可怕的事情不是抛弃他或者自杀，而是继续与他生活在一起并继续爱他。两个人的这种紧张在封闭的空间之中愈演愈烈，他们中断了与外界的任何联系，不接电话，对来访者按门铃的声音也置若罔闻，他们完全陷入了"两个人的地狱"（Hell for two）之中。后来有人便因此断言，阿尔都塞是由于害怕妻子要抛弃他，因而在完全失控的暴怒情绪中杀死她。当然，这只是关于阿尔都塞杀妻的种种传闻中的一种说法而已。

关于这段婚姻，朋友们是如何看的呢？英国的约翰逊教授在《来日方长》的英文版序言中讲述了他眼里所见到的阿尔都塞和海莱娜的婚姻。约翰逊认为，除了母亲和妹妹，海莱娜是阿尔都塞生活中最重要的女人。由于比阿尔都塞年长八岁，在某种程度上，阿尔都塞把对母亲的依赖和依恋的情感转移到了妻子身上。无论是健康状况，还是工作和生活，海莱娜对阿尔都塞的影响都是巨大的。在某种意义上，阿尔都塞对于萨特在学术上的地位是心怀嫉妒的，因此，他在精神上也希望能够与海莱娜交流，希望海莱娜成为他的波伏娃。尽管阿尔都塞本人认为海莱娜缺乏哲学和政治理论方面的素养，但朋友们还是看到他会经常让海莱娜修改、增补或删除他的著作中的某些内容。约翰逊指出，1978 年阿尔都塞应邀在伦敦进行学术报告时，他甚至每天要给留在法国的妻子打两次电话，还要把讲课的录音带寄给她。总之，在朋友们的眼里，阿尔都塞是一个过分依赖的丈夫，而海莱娜则是一个控制欲很强的妻子。究竟这段婚姻的真实图景如何？人们很难得出定论，但对于当事人而言，在经历了种种苦难之后以那样的惨烈方式结尾，无疑是人生最大的悲剧。

《来日方长》

人们一般认为，作为哲学家的阿尔都塞在 1980 年"杀妻事件"后实际上已经死亡，然而，阿尔都塞毕竟没有真正地死去，法律上的禁令和社会上对精神病人的歧视使他变成了一位"活死人"（living dead）。他无法让外界听到他的声音，这使得阿尔都塞格外痛苦。1985 年，阿尔都塞开始写作自传《来日方长》。与普通意义上的自传不同，我们不能把《来日方长》当作一位平静地回顾自己一生的哲学教授的思想故事，而应把它看作一位心灵极度痛苦的思想者对这个世界的自我告白。这种告白，我们可以在蒙克的画作中看到，是一位精神异常者对正常世界的呼喊，其中充满无助和绝望。正如阿尔都塞自己所形容的，他是作为一位"失踪者"而写作的，这种"失踪者"处于生存与死亡之间，像幽灵一样被排斥在正常世界之外。他提到了福柯，提到了福柯笔下被驱逐的人，认为自己就是处在这种境遇中的人。因此，他要发出呼喊，要让正常的世界听到自己的声音。

作为公开的表达，在《来日方长》的开篇，阿尔都塞以一种痛苦的口气诉说了他对"杀妻事件"之后，法官根据他的精神状况所作出的"不予起诉"的判定的感想：

"在公开审判中，人们会对听候裁断的公众作出关于被起诉人或无罪或有罪的判决。在后一种情况中，被判有罪的罪犯会被给予一个明确的刑期，这样，他就可以归还他欠予这个社会的债务并由此洗刷他的罪行……而如果一个人因为患有精神疾病而被免予起诉，他便面临着一个永无期限的驱逐，他被认为缺乏判断能力并因此被剥夺自由决定的权力……被监禁在医院中的精神病人仍然活着，但是在寂静和隔绝的状态中活着……既不生，也不死，尽管还没有被埋葬，但已经没有躯体，就像福柯所说的疯子一样，是消失的人。"

在这里，既有对罪行的忏悔，又有对"不予起诉"这一判定所带来的心灵折磨的申诉，更有对社会隔绝的反抗与挣扎。人们或许认为，阿尔都塞从"不予起诉"的判定中得到了好处，但阿尔都塞却宁愿公开审判，并在法庭上回答各种指控。他充满悲愤地指出，当任何个人被宣布为不适宜为自己辩护时，他就注定被弃置在寂静的墓石之下（beneath a tombstone of silence），不能发出任何声音。阿尔都塞决心反抗这种医学和法律的联盟，他要自己书写自己的历史，把自己的故事讲给公众："所有我要做的事情，就是举起这块墓石，而正是那些人宣判把我埋葬在这块墓石之下，如今它已经窒息了我的生活。我要把这样的事实告诉每一个人，即我能支配自己的生活。"

从某种意义上，《来日方长》可以说是阿尔都塞本人的一部"心灵创伤性自传"（traumabiography）。对于阿尔都塞而言，他虽然无法摆脱悲观情绪的笼罩，杀妻时的可怕情景仍然不时萦绕在脑海中挥之不去，但是，他在长期的隔绝生活中有了强烈的要被人理解的欲望，他要向这个世界提供他自己的证词。在这部自传中，阿尔都塞采用精神分析的方式对自我进行剖析，以令人窘困的坦率描述了自己复杂的性格和私密的生活。

他声称要"严格地依据事实"，但紧接着又附加了一个意味深长的补充："幻觉也是事实。"这表明，《来日方长》将是一个事实和幻觉难以分清的复合体，而阿尔都塞已下定决心将他的真实际遇与他的想象同时呈现于读者。

有人曾经把《来日方长》的叙述形容为一个"圈子中的圈子"——家庭、高等师范学校、友情、共产党、诊所——它们相互包含，共同铸造了阿尔都塞独特的命运。在这里，或许是因为受到弗洛伊德和拉康理论的影响，阿尔都塞对"童年创伤"这一论题深有感触。他反复讨论母亲的殉道者形象对他心灵的伤害，掩盖不住对母亲的怨怼之情：他怨恨母亲在外婆去世时所表现出的冷漠，对母亲在父亲遗体上的冷冰冰的吻表示愤慨，对她在得知儿子杀死妻子之后所表现出来的平静感到无比的失望。他认为，正是由于母亲的原因，使他不能真正地爱任何人，使他在爱的方面表现得无能为力。

在《来日方长》中，阿尔都塞还对他的理论生涯进行了回顾。他拒绝为由他和他的合作者发动的关于哲学与政治上的"立场之战"在法国共产党内部进行道歉，并且宣称他永远赞成"马克思的唯物主义精神"。他批评了法国共产党在"五月风暴"时期的无所作为，但他仍然为选择法国社会主义道路的合理性进行辩护。对于阿尔都塞而言，哲学就是一场战斗，他在自己的自传中很乐意承认这一点。

总之，《来日方长》是一个充满痛苦和坦诚的回忆，它充分展现了阿尔都塞烦乱而复杂的心理状态，展现了他生命和思想中黑暗的部分，展现了他的爱与疯狂。这是一段凄凉的故事，也许还是一部道德故事。虽然作者本人也承认其中的"幻想"成分，但这种幻想是作为真实的一部分而存在的，它是这位思想家对这个世界的精神忏悔录。

死后的喧嚣

在 1980 年的悲惨事件发生之后，阿尔都塞被关进圣安妮精神病院住了三年。1983 年，他被允许单独居住，哲学家搬到了巴黎北部拉丁区的一幢公寓，从此远离了心爱的高师——他热爱这所学校，他曾说过，高师是把他从社会上保护起来的唯一的避难所——并再也没有回去过。一些朋友、同事和学生会不时地拜访他，并以各种方式帮助他。他也会阅读一些书籍，接受某些访谈，并特别关注人们关于自己的评论。精神上的痛苦依然折磨着他，悲哀与失望的情绪挥之不去，每当陷入绝望的时候，他就会穿着褴褛的衣服，在巴黎北部的大街上狂乱地走来走去，有时还会跳到陌生的行人面前高喊："我是伟大的阿尔都塞"（Je suis le grand Althusser）。莫名其妙的行人会吃惊地望着这个疯疯癫癫的老人，不知道他曾经是法国风云一时的思想巨匠、理论先锋。就这样，在有时清醒、有时糊涂的精神状态下，阿尔都塞度过了他人生最后的时光。1990 年 10 月 22 日，这位富有独创性的思想家死于心脏病，享年 72 岁。由于从 1980 年 11 月起他已退出思想界，因此也有新闻评论界把他的死亡称作"路易·阿尔都塞的第二次死亡"（the second death of Louis Althusser）。

"杀妻事件"一度使这位饱受生活磨难的哲学家备受责难，这种争议在他的死后又重新上演。当 1992 年《来日方长》法文版出版时，数月之内即热销四万多册，令出版界为之瞩目。随之面世的还有阿尔都塞的手稿、日记、通信，其数量几倍于作者生前发表的作品，电视台甚至专门为此做了两个多小时的专题节目，介绍阿尔都塞的思想和生平。1993 年，《来日方长》的英译本在伦敦出版，引起了又一轮的轰动，那些甚至连《保卫马克思》和《读〈资本论〉》都没有听说过的人，也怀着猎奇的心理去购买。英国的一些右翼媒体和流行报刊趁机对阿尔都塞进行恶意中伤和庸俗化炒作，打出诸如"巴黎的杀人者""马克思主义杀人犯""性、谋杀和哲学"等标题。BBC广播电台也播发晚间专题，渲染作者的"谋杀与哲学"，暴露了许多阿尔都塞个人生活的隐私。流言和传说迅速传播，许多经过歪曲、夸大的不实之词甚至变成档案定型下来，提到阿尔都塞，总会有人面露不屑且不无揶揄地说："阿尔都塞，那个杀人犯，疯子，共产主义者。"

对于媒体的喧嚣与毁谤，严肃的学者保持了可贵的清醒态度。英国学者格雷高里·艾利奥特（Gregoty Elliot）这样回答媒体的渲染："阿尔都塞确实成为一个疯狂的绝望的杀人者，这是毋庸怀疑的。但并不是每一个疯狂的绝望的杀人者都可以成为阿尔都塞。"为此，他还写下著名的论文《终结的分析，无法终结的分析》，对阿尔都塞的人生悲剧、学术观点和思想独创性进行了详细的介绍与客观的评价。遗憾的是，面对众多褒贬不一、莫衷一是的评论，已经过世的阿尔都塞不能亲口为自己辩白，只留下《事实》与《来日方长》这两部含义隐晦、无法相互支持的自传供人们猜想与凭吊。

结　语

　　20世纪60年代到70年代之间，路易·阿尔都塞或许是法国最为知名的马克思主义哲学家。他声名显赫，如日中天。他的理论激情和激进思想使他在学生中享有极高地位，被青年学生奉为"精神上的导师"。阿尔都塞的独特才华体现在他提出一系列概念和术语，使马克思主义与当代最为流行的理论思潮——结构主义与精神分析学——以一种令人惊奇的方式结合起来。但是，他的理论大厦却由于无法说明1968年"五月风暴"而受到了削弱。他在法国共产党内部受到批评和排挤，并因为对法国共产党的政治路线进行了攻击而在70年代实际上终结了自己的事业。接下来，发生了最令人震惊的事件：1980年，阿尔都塞杀害了自己的妻子，并随即被关进精神病医院。在接受多年精神和心理治疗之后，阿尔都塞在1990年寂寞地死去。这是一段凄凉的故事，甚至有些荒诞，就像一颗彗星，在瞬间的耀亮之后悄然归于沉寂。

　　应该用什么样的词语评价阿尔都塞的一生？痛苦、迷茫、疯狂、恐惧，这些词语似乎都不足以形容他身上如此之多自相矛盾和令人费解的地方，同时，阿尔都塞的思想成就也因为他最后的疯狂而变得暧昧而可疑。他是丹东和帕斯卡尔的混合体，一方面充满革命斗志，另一方面却又陷入无法自拔的悲观与抑郁之中。有谁会像他一样，一方面以革命者的姿态宣传战斗的激情，另一方面又躲在书斋静静翻阅特蕾莎修女的著作？他是一个谜。正如德里达所敏锐地指出的那样，人们谈论阿尔都塞时总是倾向于把他的名字和马克思与列宁联系起来，但熟悉他的人却不得不求助于别的人物：帕斯卡尔、陀思妥耶夫斯基（Dostoevesky）、尼采或者阿尔托（Artaud）。的确，阿尔都塞的个性是复杂的，他的人生也是如此。他的一生充满了太多的伤痕、裂隙与难以磨灭的痛苦记忆——他的童年笼罩在"冒名顶替者"的阴影之中，他的青年时代在集中营里度过，他一次次地精神崩溃，又一次次地奋力向正常世界回归，这使他有些像不断将石头推向山顶的西西弗斯，而他最终也没有逃离悲惨的宿命，在以骇人听闻的手段扼杀了自己的妻子之后，最后跌落在黑夜之中。

阿尔都塞是孤独的，而哲学家都是孤独的，笛卡儿、康德、克尔凯郭尔、维特根斯坦都是如此。"我是孤独的，哪怕我被朋友们所包围，我像世界上其他任何哲学家一样，在办公室里仍然是孤独的；我孤独地与我的思想、我的要求和我的超常的勇敢在一起"，阿尔都塞这样说。事实上，凡是思想上具有原创性的人都是孤独的，他们在孤独中挑战传统，开辟新路，孤独正是不屈从任何他人的见解的一种确证。

作为一名杰出的思想家，阿尔都塞在政治和文化领域产生了世界性影响，他引导了一个新的马克思主义转向。阿尔都塞反对存在主义和心理分析马克思主义学派的伤感的"人道主义"，提倡回归客观主义和科学，并对一些司空见惯的理论问题进行了独特的阐发。他经常以战斗的激情从事理论上的研究：他在萨特的人道主义的存在主义独霸天下的时候，独自开辟出一条新路，别具一格地运用结构主义的方法研究马克思主义，表现出一往无前的理论气概。在共产党内部，阿尔都塞对苏共提出的"一切为了人，一切为了人的幸福"的口号并没有盲从，而是坚持认为，用"人道主义"批判斯大林的"个人迷信"和"教条主义"只会使资产阶级意识形态的古老话题陈渣泛起。阿尔都塞挺身而出，举起"保卫马克思"的旗帜，站在斗争的前列，试图将历史唯物主义从斯大林主义和人道主义的双重歪曲中拯救出来。在整个20世纪60年代，阿尔都塞对马克思理论所进行的理论重构和独到阐释，吸引了众多渴望反抗权威的青年学生，人们称他是"当今最富于创造力的马克思主义哲学著作家"，"对马克思主义作出了最为警觉和最为现代的再阐释"。

但另一方面，批评的声音也不绝于耳。在法国共产党内部，阿尔都塞及其支持者所坚持的阶级斗争和暴力革命的主题被视为过时的政治理念而被丢置在一旁，他们的理论在党内受到严厉的批评。在与法国共产党理论权威加罗蒂和塞弗及以他们所代表的人道主义的马克思主义的论战中，阿尔都塞又被扣上的"左派偏执狂"的帽子。在国际共产主义运动内部，阿尔都塞的观点也受到多方面的指责。波兰的沙夫在《结构主义还是马克思主义》一文中这样抨击阿尔都塞："不是马克思主义反人道主义，而是阿尔都塞反马克思。"由于在唯物主义和阶级政治方面的不妥协，阿尔都塞甚至被批评者说成是"新型的斯大林主义者"。

对于阿尔都塞本人来说，无论是赞誉还是批评，都只是一种外界的评价，在他的内心深处，始终坚定的是对共产主义的信仰和对真理的追求。阿尔都塞对自己的理论处境有着深刻的认识，他在为《保卫马克思》英文版所写的《致我的英语读者》一文中，声称自己"走的是一条孤独的道路"。但无论如何，尽管阿尔都塞的理论框架和政治立场屡受批驳和争论，但他的思想灵感和学术观念依然是当代西方左派政治、身份政治、文化研究、文化批判和意识形态斗争的重要思想资源。人们可以依据不同的理论立场对阿尔都塞的观点进行论证或提出反驳，但谁也不能无视阿尔都塞所作出的理论努力，这对于一个理论家来说，难道不是一种至高的荣誉吗？对此，阿尔都塞的战友和学生艾蒂安·巴里巴尔有如下中肯的评价："同时作为一个彻底的哲学家和一个彻底的共产主义者，二者之间没有一个牺牲、屈服和屈从于另一方：这是阿尔都塞独有的思想品性，是他所押的赌注和风险……因为他成功地赢得了这场赌注，马克思主义……和共产主义被刻写在 20 世纪后半叶的法国哲学史上。从此没有人能够因漠视它们而不留下空白和裂缝。"

回顾阿尔都塞的一生，也许正如德里达所说："一个人的生，和他的死一样是唯一的，绝不会只是一个范例、一个象征。"阿尔都塞在孤独中走完了他苦难的人生，但对于后来者来说，花一些时间来倾听、来体验一个人的生活、思想和他所经历的政治磨难，也许是向逝者表达敬意的一种方式。我们这个时代，太急于了解、急于解释、急于作判断、急于下结论，也许会错过许多真正相互理解和交流的机会，请停下匆忙的脚步，来回顾一个哲学家的奇特人生，也许这本小册子会带你进入阿尔都塞的世界，在那里，你会感受到阿尔都塞的孤独。

附 录

年 谱

1918年　10月16日出生于法属殖民地阿尔及利亚首都阿尔及尔近郊的比曼德利小镇。

1924年　在阿尔及尔上小学。

1936年　因父亲的工作关系全家移居里昂。进入"公园中学"的高等师范学校预科班学习。接受天主教改革派立场。热衷于帕斯卡尔和艾克哈特的思想。

1939年　7月，考取乌尔姆街的高等师范学校，入学成绩名列第六，拉丁语成绩尤其突出。9月，应征入伍，驻守布列塔尼。

1940年　6月，德军占领法国，所属部队全体被德军停虏。9月，被押送德国北部战俘营，一直关押到战争结束。

1943年　精神病开始发作，入战俘集中营医院接受治疗。在集中营开始接触到马克思主义。

1945年　5月，从集中营获得解放，回到在卡萨布兰卡避难的家人身边，稍后回到巴黎高师重新开始学业。

1946年　开始阅读马克思早期著作。发表《善意的国际》一文。复活节到罗马旅行，觐见教皇庇护十二世。10月，回到高等师范学校，开始哲学研究。

1947年　从3月到5月陷入抑郁状态，住进圣安妮医院，接受电击疗法。发表《人，那个夜晚》。10月，通过高等研究资格论文《论黑格尔哲学中内容的概念》。

1948年　8月，以第二名的成绩通过哲学教师资格考试。10月，成为巴黎高师助理讲师，讲授柏拉图。参与天主教左派团体"教会青年"的活动，认为信仰和无产阶级可以并存。10月，加入法国共产党（直到

1980 年）。

1949 年　2 月，发表《事实问题》。6 月，开始接受精神分析治疗。从 12 月 25 日开始，就脱离天主教问题给让·拉苦劳瓦写信。

1950 年　任巴黎高师秘书。11 月在法国共产党的《新批评》上发表《回到黑格尔，学院派修正主义的最新口号》。

1953 年　发表《论马克思主义》和《关于辩证唯物主义的说明》。

1954 年　在高师讲授 18 世纪哲学，包括孟德斯鸠、卢梭、孔多塞、爱尔维修等。

1955 年　发表《论历史的客观性（给保尔·利科的信）》。

1956 年　2 月，苏共“二十大”召开。2 月~5 月，陷入严重的抑郁状态。

1958 年　在《精神》杂志上发表论文《孟德斯鸠学说中的专制者和君主》。

1959 年　出版《孟德斯鸠、卢梭、马克思：政治和历史》，获孟德斯鸠奖。

1960 年　讲授卢梭。在阿兰·巴迪乌组织的萨特讨论会上，阿尔都塞作了题为《历史的可能性》的报告。编译费尔巴哈《哲学宣言：文选（1839~1845）》。

1961 年　4 月，发表《论青年马克思》，在党内引起争议。9 月，在高师开设关于青年马克思的讨论会。

1962 年　1 月，讲授马基雅维利。主持关于结构主义的讨论会。晋升副教授。发表《矛盾与多元决定》《皮科罗剧团，贝尔多拉西和布莱希特（关于一部唯物主义戏剧的笔记）》。

1963 年　发表《关于〈1844 年经济学—哲学手稿〉》《关于唯物辩证法（论起源的不平衡）》。12 月，第一次与拉康见面。同年，在高师开设关于精神分析的讨论会。

1964 年　发表《马克思主义和人道主义》《弗洛伊德与拉康》。10 月，邀请德里达出任高师助理讲师。

1965 年　开设关于《资本论》的读书会。3 月，为《保卫马克思》撰写《序言：今天》。发表《关于“真正人道主义”的补充说明》。4 月，写作《理论、理论实践和理论教育：意识形态和意识形态斗争》。8 月，发表《历史要领提纲》。9 月，出版《保卫马克思》。11 月，出版《读〈资本论〉》。12 月，陷入严重的抑郁状态。

1966年　3月，召开法国共产党全会，两度专门讨论"阿尔都塞倾向"和"加罗蒂倾向"的理论分歧，阿尔都塞在会上作自我批评。发表《历史唯物主义和辩证唯物主义》《抽象派画家克勒莫尼尼》《论"社会契约"》《文化革命》等论文。作题为《哲学状况与马克思主义的理论研究》的演讲。12月，英国《泰晤士报·文学副刊》在对阿尔都塞进行介绍时，冠以"结构主义马克思主义"的称号。

1967年　发表《论理论工作：困难与办法》。5月，写作《马克思主义哲学的历史任务》。10月起主持"为科学家讲的哲学课"。写作《论费尔巴哈》。意大利文版《读〈资本论〉》出版，在"序言"中，指出《保卫马克思》和《读〈资本论〉》在对哲学的定义上犯了"理论主义"倾向的错误。这一年，是阿尔都塞"自我批评"的开端。

1968年　2月，作《列宁和哲学》的报告。同月，在伊波利特主持的黑格尔讨论班发表《马克思与黑格尔的关系》的讲演。写作《论结构主义》。发表题为《哲学是革命的武器》的谈话录。写作《论布莱希特和马克思》。5月，"五月革命"爆发，由于身体状况恶化，整个夏天在医院度过。

1969年　3月，为法文版《资本论》第一卷（袖珍本）作《序言》。修改《弗洛伊德与拉康》。写作《论再生产》。4月，在黑格尔讨论会上作《列宁在黑格尔面前》的讲演。《列宁与哲学》出版。

1970年　4月，写作《论黑格尔的逻辑学》。6月，发表《意识形态和意识形态国家机器》。7月，写作《马克思科学发现的条件》。

1971年　开始讲授霍布斯。

1972年　发表《答约翰·刘易斯》。6月，写作《自我批评材料》。同时开始重新讲授马基雅维利。

1973年　出版《答约翰·刘易斯》。年末，因失眠症去看医生。

1974年　到克里特和雅典旅行。8月，发表《正确性和哲学》。同月，去莫斯科参加黑格尔讨论会。9月，出版《为了科学家的哲学讲义（1967年）》和《自我批评材料》。10月，在《人道报》发表《某些新东西》。

1975年　5月，写作《马克思和历史》。6月，在亚眠的庇卡底大学获得国家博士学位。7月，父亲去世。10月，发表"亚眠答辩"，题目为

《在哲学中成为马克思主义者容易吗》。

1976 年 2 月，与海莱娜正式结婚。3 月，《立场》出版。同月，在西班牙的格拉纳达大学作关于"哲学的变革"的演讲。10 月，写作《完结的历史，未完结的历史》。12 月，写作《论马克思和弗洛伊德》。同月，写作《关于意识形态国家机器的说明》。

1977 年 5 月，出版《二十二次大会》。6 月，进行关于"马基雅维利的孤独"的演讲。11 月，出席威尼斯会议，作了题为"马克思主义所面临的危机!"的报告。为意大利《欧洲百科全书》撰写"马克思主义"词条。

1978 年 4 月，在《宣言》上发表《国家问题》。25～28 日，在《世界报》上发表《再也不能在共产党内继续下去的事情》，反响巨大。写作《马克思的局限性》《哲学入门》。为弗洛伊德学术讨论会写作文章《在与马克思主义理论关系中看弗洛伊德博士的发现》。

1979 年 10 月，友人尼克斯·普朗查斯自杀。

1980 年 2 月，在高等师范学校作题为"马克思的技艺"的演讲。3 月，参加拉康举办的研讨会，作题为《在被分析者的名下》的报告，表现出对拉康的不满。6 月～9 月，住进蒙斯里公园附近的医院。11 月 13 日，医生建议再次住院，海莱娜请示延缓三天。16 日清晨，在为海莱娜做颈部按摩时精神病发作，将妻子掐死，当天被送进圣安妮医院。经过两个月的调查，被判定不予起诉，由医院监护。开始禁闭生活。

1982 年 解除禁闭，继续往来于住所和医院之间。准备以"偶然相遇的唯物主义"为题撰写书稿。

1985 年 3 月～5 月，写作"创伤性自传"《来日方长》。5 月，写作《怎么办》。6 月，发病住院。8 月，母亲露西安娜去世。

1986 年 6 月，因身体原因住进医院。住院期间写作《哲学家马基雅维利》。准备写作《真正的唯物主义传统》。

1988 年 1 月，住院。8 月，与费尔南达·纳瓦罗合作完成的《哲学和马克思主义》在墨西哥出版。

1990 年 春天，在《未来在前》杂志发表修订本《马基雅维利的孤独》。10 月 22 日，因心脏病发作去世，被埋葬在比罗弗来的家族墓地。

主要著作

1. 《保卫马克思》，北京：商务印书馆，2009 年。
2. 《读〈资本论〉》，北京：中央编译出版社，2008 年。
3. 《黑格尔的幽灵：政治哲学论文集》，南京：南京大学出版社，2005 年。
4. 《哲学与政治：阿尔都塞读本》，长春：吉林人民出版社，2003 年。
5. 《自我批评论文集》，台北，远流出版集团，1990 年。

参考书目

1. 张一兵：《问题式、症候阅读与意识形态》，北京：中央编译出版社，2003 年。
2. 朱晓慧：《哲学是革命的武器：阿尔都塞意识形态理论研究》，上海：学林出版社，2007 年。
3. 庞晓明：《阿尔都塞认识论思想解析》，北京：中国社会科学出版社，2006 年。
4. 孟登迎：《意识形态与主体建构》，北京：中国社会出版社，2002 年。
5. 李青宜：《阿尔都塞与“结构主义马克思主义”》，沈阳：辽宁人民出版社，1986 年。
6. 凌新：《阿尔都塞后期哲学思想研究》，武汉：湖北人民出版社，2009 年。
7. ［日］今村仁司：《阿尔都塞——认识论的断裂》，石家庄：河北教育出版社，2001 年。